工学博士が見つけた
才能を開花させる方法

The King's Astrology

王者の成功占術

（一社）ミッションメンタリング協会 代表理事
篠田法正

自由国民社

はじめに

「ああ、それって占いでしょ」

今から十年以上前、コンサルタント仲間から初めて**「算命学《さんめいがく》」**のことを聞いた時、私は、まったく信じられませんでした。

（生年月日から、性格や才能がわかるなんて⁉）

何しろ私は、自分自身をバリバリの理系人間だと思っていました。

大学を出て大手化学会社に就職し、20年間、研究開発の仕事をしました。国内外あわせて100件以上の特許を出願し、手術用の溶ける糸や、石油を原料としないプラスチックなど、画期的な製品を世に出すこともできました。アメリカに留学し、国際学会で発表し、工学博士の学位もとりました。

そんな超理系の私が、いくら3千年以上の長い歴史を持つとはいえ、非科学的な東洋の占いを信じるはずもありません。せいぜい、当たり外れを楽しむお遊びくらいにしか考えていなかったのです。

ところが、試しに自分を調べてみて驚きました。

「真面目でプライドを持ち、思いつきと感性で動く性格」

「じっくり真っ直ぐ成長し、方向転換には弱い、大器晩成の気質」

など、見事に当たっていたのです。

そして、家族や知人の性格も、ことごとく当たっていました。

「これは、統計学ですか?」

「いいえ。深く学んでみるとわかりますが、算命学は、生年月日と性格のデータを集めて統計的に分析した、というような単純なものではないのです」

(じゃあ、どうして当たるのだろう、理屈を知りたい)

持ち前の好奇心に火がつきました。そして、次の言葉が決定的でした。

「占いには、庶民の占いと、**王者の占い**があるんですよ。

相手の性格や気質を当てて楽しむのが、庶民の占いです。

王者は、自分や他人の持って生まれた才能を、どうやって活かすのかを真剣に考えるために占いを使うんです。

ですから、**才能を見極めながら、運命の改良法までを扱う算命学は、まさに王者の占いなのです**」

実は、その頃の私は、人生のどん底の状態でした。

その数年前、管理職に昇進したものの、自分のやりたい仕事ができなくなった私は、新たな挑戦を求めて会社を辞め、経営コンサルタントとして独立していました。中小企業診断士の資格はあったものの、コネなし、営業経験なし、コンサル実績なしです。案の定、売上げをあげることができません。ザクザクと数字が減っていく預金通帳を眺めながらため息をつく日々でした。

それでも懸命にマーケティングを勉強し、なんとか集客できるようにはなりましたが、今度は逆に多忙な日々の始まりです。集客活動、相談、調査、コンサル、報告……日々の業務に追われ、慣れない事務作業にも苦痛を感じました。契約が終了すると、また苦手な集客の繰り返しです。やることはたくさんありましたが、楽しくなかったのです。

しかも私の周りには、優れたスキルを持ち、目覚ましい実績をあげ、集客にも困らない人たちがたくさんいました。そういう人たちと交わり、セミナーなどに参加するたびに、自分の欠点や苦手なところを突きつけられて、落ち込んでいきました。

「自分は、本当は、こんなもんじゃない！」

心の中でそう叫んでいました。企業の研究所という環境の中では、自分の能力を存分に発揮できていた私が、それ以外の環境では、ほとんど能力を発揮できなかったのです。

そんな時だったからこそ、「自分の持って生まれた才能って何だろう。もしかしたら、自分の運命は変えられるかもしれない」と感じた私は、夢中で算命学を研究し始めたのです。

他にも、人の才能を知る手法（テスト）は多く知られていました。そのほとんどが、用意された設問に答えていくものでした。迷っていた私は、いろいろ試してみました。

それぞれ、確かにそれらしい判定結果は得られました。ただ、設問に答えるときに、自分の主観が入るのではないかという不安が、どうしても消えませんでした。「こうあるべき」とか、「こう答えた方がかっこいい」といった理想や見栄、思い込みなどが、自分の答えに影響を与えているように思えたのです。また、複雑な自分の才能を、わずか数種類のタイプに分類されてしまうことにも違和感がありました。

その点、算命学は、なぜそんなに当たるのかという原理はよくわからないものの、生年月日だけから、**極めて客観的、即時に分析できる**のです。しかも、**置かれた立場や、相手との関係性によって変わる才能を、多面的にとらえられる**点も魅力でした。

算命学で私自身を読み解くと、法則や理屈を見つけて解決する才能の他に、ユニークに発想する才能、仕組みを考える才能、相手を受け入れて喜ばせる才能などがありました。

そこで早速、これらを活かすように仕事のスタイルを変えていったのです。無理して営業スキルを身につけることや、安売り・安請け合いをやめました。代わりに、ユニークな解決アイデアを展開し、面白いセミナーで集客する仕組みを作りました。売り込むのではなく、ファンになってもらうようなコミュニケーションを心がけました。

すると、次第に仕事が楽しくなり、無理なく、効果的に結果が出るようになりました。何しろ、朝の目覚めが格段によくなり、疲れることもなくなったのです。

「これが才能を活かすということか！」

そう実感した私は、この手法をクライアントに適用し、起業家に適用し、セミナーの受講生に適用しながら、効果を検証していきました。そして、複雑で難解な算命学の宿命図を、誰にでも直感的に使いこなせるように、イラストや記号で表記するアプリを開発しました。さらに心理学やコーチングの要素を融合させ、体系化したのが、**「ミッションメンタリング®」**というオリジナルの才能活性化メソッドなのです。

この本は、持って生まれた才能をどのように読み解き、どのように活かしていくか、さらには、これからの人生をどのように成功させていくのかについて書かれています。

まず、自分には才能がないという思い込みや、こうあるべきという理想を手放してください。

そして、本書で紹介する方法で、あなたの持って生まれた才能を、素直に、客観的に調べてください。

そして、その活かし方を、自然界の法則にしたがって考えていきましょう。

そうすることで、無理なく自然に自分の運命を変えていくことができるのです。

残念ながら、本書のベースになっている算命学や陰陽五行論は、未だ西洋の科学では証明されていません。なので、もしもあなたが、科学で証明されていないものに強い不信感や不快感を持たれるようでしたら、この先は読まなくても結構です。

「これまで頑張ってきたけれど、何かが違う」「残りの人生を後悔したくない」と思い、自分と真剣に向き合おうとしているあなたにこそ、この本をお勧めします。

さあ、持って生まれた才能を開花させる新しい冒険の始まりです。

篠田法正

目次

第1章　持って生まれた才能を活かす「王者の占術」

第2章　自分の才能のタネを見つける

第3章 才能を自分で読み解く

第4章　才能を開花させる自然界の法則

第5章　自分にない才能を手に入れて成功する

第１章

持って生まれた
才能を活かす
「王者の占術」

誰でも運命は変えられる

愛さん（仮名）は、都内のサロンで働くアロマセラピスト。

いつか自分で、心と身体をケアする健康ハウスのようなサロンを開くのが夢なのですが、現実は厳しいようです。

夫とは別居中。2歳の娘を連れて肩身の狭い実家暮らしです。仕事、育児、家事に追われる忙しさの中で、次々に起こる問題に振り回される毎日でした。

（もう！　なんで、あの人は……。なんでお母さんは……。なんで、お父さんは……）

夫や親との関係は悪化するばかりでした。

（私の人生、なんでうまくいかないんだろう……）

子供を寝かしつけた夜、一人でため息をつきながら、スマホでSNSをスライドさせていた指が、幼なじみの美穂さんの投稿で止まります。

「このセミナー、面白いよ。おススメ！」

（そういえば美穂、この前、セミナー受けたら、こじれていた彼とうまくいくようになったって言ってたけど、そのことかな）

紹介された案内ページを見ると、気になる言葉がありました。

このままじゃダメ、何かを変えたい！　と思ったら、まず自分を知ることから始めましょう！

『王者の占術入門セミナー』

（占術？　ああ、占いのことね。美穂は占い好きだからな。
でも、王者って……。私には関係ないかも）

ページを閉じようとしたとき、ふと、セミナー講師の肩書が目に入りました。

（えっ、工学博士？　占い師じゃないんだ。ふーん、面白そう）

最近、急に明るくなった美穂さんの顔を思い出しながら、セミナーの説明を読んだ愛さんは、いつの間にか申込み手続きをしていました。

（何か、わかるかもしれない……）

＊　＊　＊

数週間後、セミナー当日。

講師は、愛さんが想像していたより柔らかく、温和な感じです。ほとんど髪のない丸い頭をさすりながら話し始めました。

「こんにちは。篠田法正と申します。法正は、〝ほうせい〟とそのまま音読みします。本名です。よく、『お坊さんですか』と聞かれますが、違います。私のこの頭を見て、ますますお坊さんだと思われるかもしれませんが、普通のおじさんです。まあ、工学博士という学位を持っているので、普通のおじさんよりは、かなり理系です。

そんな、かなり理系の私が、これから、**『誰でも無理なく運命を変えて、輝く自分になれる』**というお話をします」

（えっ、運命って決まっているものでしょ？　変えることなんてできるの？　しかも、無理なく変えるなんて……）

愛さんの驚きを察したかのように講師が続けます。

「そうなんです。**運命は変えられる**んです。しかも、**宗教でもスピリチュアルでもなく、ロジカルに変えられる**んです。その理屈は、後ほどお話ししますね」

（おお、工学博士っぽい）

「例えば、今、人間関係に悩んでいる人がいるとします。なんとかしたい、もっと関係を良くして、笑いあえる仲になりたいと願っているとします」

（えっ、私のこと？）

愛さんはドキッとしました。

「そして、いろんな方法を試します。コミュニケーションテクニックを使ってみようとか、心理学的にはこうした方がいいとか、おまじないやお守りに頼ろうとか、やってみるんです。もちろん、それなりに効果があります。解決する場合もあります。

…でも、その相手との関係が一時的にはうまくいったとしても、またこじれてしまったり、あるいは、同じように関係がこじれる人が、新たに現れたりするんです。

みなさんの周りにもいるかもしれません。『あんなに苦労して、もう懲りたはずなのに、また、ダメンズにハマってしまう』っていう方。意外に多いらしいですね」

愛さんは、他の受講生と一緒にうなずいています。

「それってつまり、相手に合わせた対処法だけではダメということなんです。

運命自体を変えなければならないんです。

運命が変われば人間関係が変わります。そして出会う人が変わります。

出会う人が変われば、人生もビジネスも大きく変わるのです」

（そうかあ、もしも私の運命が変わったら、ダンナや親が自分のことを認めてくれて、応援してくれる人が現れるかなあ。夢だったサロンも開業できるかも）

王者とは、自ら運命を切り拓く人のこと

「東洋では、３千年以上のはるか昔から、人の運命とはどういうものか、どうやったら運命をコントロールできるのかということについて、数多くの人たちが長い時間をかけて研究し、実践してきました。

その研究成果が体系化されたものが、**『算命学』**という学問です。

世間では、占いの一つとして知られていますが、本来は帝王のための学問でした。なので、王者の占いとも言われています。

一般に広まっている庶民の占いでは、人の運命は生まれた瞬間に決まっていて変わらないとしていますが、王者の占いでは、運命は変えられるとしているのです」

「王者にとって大切なことは何でしょう。それは、いかなる困難な状況におかれても、国を安泰に保つために、なんとか道を切り拓いていこうとする姿勢です。

そんな王者にとって、自分がピンチになった時、『あなたの運命がこうなることは、もう

決まっていたのです。変えられません』という占いは、まったく役に立ちませんよね」

（なるほど。でも、どうやって運命を変えるんだろう？）

「ちょっと、これを見てください」

講師は、楽しそうに、ホワイトボードに式のようなものを書きました。

庶民の占い　運命＝宿命

王者の占い　運命＝宿命＋環境

「**宿命とは、生まれた時に決まっているもの**。例えば、その人の持って生まれた性格とか気質とか才能などです。これは変えることができません。

庶民の占いでは、運命は宿命によってのみ決まるので、変えられないと考えます。

一方、**王者の占いでは、運命は、その人の宿命が環境と反応してつくられていくと考え**

ます。環境とは、生まれた後にその人を取り巻く人間関係や、立場、経験、学びなどです。この場合、宿命は変えられないけれど、環境は行動によって変えられますよね。だから、運命は変えられるのです。正確にいうと、運命は選ぶことができるのです」

（へえ、なんか説明が理系っぽいけど、なんとなく納得しちゃう）

「大事なのはここからです。

今、私は、『環境を変えれば、運命は変わる』と言いましたね。

では、**どのように環境を変えればいいのでしょう？**」

王者は、持って生まれた才能を活かす

「…それは、持って生まれた宿命、その中でも、特に**才能という宿命**を活かすように、環境を変えればいいのです」

（ん？　どういうこと？）

「例えば、生まれながらに学ぶことが得意という才能をもった子供がいるとしましょう。時間さえあれば、本を読んだり、勉強したりしようとします。これがこの子の宿命です。

そしてもし、この子の両親が教師で、いつも静かに勉強している家庭で、家には本がたくさんあるというような環境だったとしたらどうでしょう。

この子は、持って生まれた才能をいかんなく発揮して、素晴らしい成果をあげることができるでしょう。そして、本人もイキイキと幸せに生きる運命となるのです。

ところが、もし、この子が生まれたのが、頑固な商売人の家だったとしたらどうでしょう。

父親がこの子に向かって言います。『お前、本を読んでいる暇があったら、お店の手伝いをしろ』って。

この子の才能は環境と合っていないので、活かされないでしょう。

そして、あまり良い運命に恵まれないようですね。

でも、例えばこの子が思い切って家を飛び出して、一人暮らしをしながら大学に通い、勉学に集中できるような環境を整えたらどうなるでしょう。

彼は才能を存分に活かすことができるので、生きがいを取り戻します。出会う人も変わり、運命は好転していくのです。

つまり、運命を変えたいなら、持って生まれた才能に気づいて、それを活かせるように環境を整える行動を取ればいいということなのです」

愛さんは、手を挙げて聞きました。

「先生、私には、そんなすごい才能なんてないと思うんですけど……」

講師は、いつもよく聞かれる質問だったらしく、にっこりと笑って答えました。

「人は誰でも才能を持って生まれてきます。

ただ、自分では気づかないことが多いのです。

そして重要なことは、自分がすごい才能を持っているかどうかではなく、**どんな才能を持って生まれてきたのかをしっかりと知る**ことなのです。


愛さん、大丈夫です。

王者の占いであなたの才能も必ず見つかります。

今日はそのためのセミナーです」

人は皆、人生の王者になるために生まれてくる

「算命学は、長い間、東洋の帝王に仕える賢人たちに密かに受け継がれ、比較的最近、昭和の時代になって、ようやく私たちに伝わってきたものです。

占いを信じなかったはずの私も、十年以上、この王者の占術を研究し、仕事や生活に活用しています。

とても奥が深く、興味がつきません。そして何しろ、本当に役に立つのです。

算命学は、誰もが才能を持っていて、それを活かすことで、無理なく自分の運命を変えることができることを気づかせてくれました。運命を変えるというより、**運命をつくることができる**と言った方がいいかもしれませんね。

そんな王者の占いが、今この時代に、私たちにも使えるようになってきたという意味を考えてみましょう。

ますます先が見えない時代になってきて、多くの人が不安と迷いの中にいるのではないでしょうか」

愛さんは、ふと、自分や家族のこと、仕事のこと、そして、社会のことを考えていました。

講師の語り方に熱が入ってきました。

「今はもう、昔のように、誰か強くて立派な王者がいて、その人に任せておけば、皆を引っ張ってくれるという時代ではありません。

一人ひとりが自由である分、自分で自分の運命をつくり出していくことが必要になっているのです。

王者とは、いかなる状況でも、自らの個性と才能を最大限に発揮して、道を切り拓いていく人のことです。今こそ、私たち一人ひとりが人生の王者になって、それぞれに自分らしく輝いて、互いに応援しあう社会になれば、明るい未来になると思うんです。

そして今日、こうして出会ったのも意味があると思っています。

皆さん、お一人おひとりが、本当の自分らしい運命をつくっていく一歩になると思うのです」

愛さんは、胸の奥が熱くなったように感じました。

＊　　　＊　　　＊

改めましてこんにちは。篠田です。

ここで登場した愛さんは、仮名ですが、数年前、実際に私のセミナーに参加され、コンサルティングを受けられた方がモデルになっています。

彼女は、その後、ご自分の宿命を読み解いて納得し、自分の人生の意味を明確にしていきました。そして、持って生まれた才能を活かすような起業の仕方を見つけたのです。

そして今では、イベントやセミナーを数多く開催し、多くのファンに囲まれ、クチコミだけで予約がいっぱいの超人気アロマコーチとして活躍されています。


才能とは、生まれながらに与えられていて、頑張らなくても、自然に優れた結果を出し続けられる能力のことです。

大げさなものではありません。例えば、宴会を盛り上げることが得意だとしたら、それも才能です。子供たちとすぐに仲良くなれる才能、楽しいことを夢見る才能などなど、人は誰でも才能を持っています。

そして、**人々は、自分の才能を活かすことで様々な王者になっていく**のです。

人の応援をすることが大好きな王者、美味しい料理を作って笑顔を広げる王者、数字を間違えずにきっちりと帳簿をまとめる王者、消しゴムのことなら誰よりもよく知っていて、世界中の文具メーカーからアドバイスを求められる王者などなど。
あなたのそばにもいるかもしれませんね。

あなたは、人生の王者ですか？

もし、まだ自分は王者ではないなと思ったら。
あるいは、王者であるとは思うけれど、もっと自信のもてる力強い王者になりたいと思ったとしたら。

本書でご紹介する王者の占術は、とても役に立ちます。

本来の才能を見つけて輝かせた、身近な王者たち

今、王者の占術で自分の生まれ持った本来の才能を見つけ、最大限に活かすことで、新たな道を切り拓いていく人たちが増えてきています。

例えば……。

東京都の会社員、Tさん。30代の半ばで転職したのですが、それまでの成功パターンが通じなかったり、思ったように物事が進まなかったりして、適応障害を発症しました。

「いったい自分は何がしたいんだろう。ただ良い会社に入って、上司の期待に応えて良い結果を出して、良い給料をもらって、という目標をこれからも持って生きていけるだろうか」と悩んでいました。

そんな時、知人の紹介で、王者の占術に出会い、自分の宿命図とその読み解き方を知りました。

すると、自分には、『まじめにしっかり実績をあげる才能』の他に、『人と和合して調和

をはかる才能』があること、そして、これら二つの才能が互いにぶつかりあっていることに気づいたのです。

そして、自分自身と向き合い、持って生まれた才能を活かす人生ミッション（自分軸）を明確にすることができました。

彼は今、「他人の言動が気にならなくなりました。自分を見失わずにいられることが一番大きな変化ですね」と言います。

本来の自分を取り戻し、個性と才能を輝かせ始めたTさんは、最近、会社から部下の育成と、重要なプロジェクトのリーダーを任されて、充実した日々を過ごしています。そして、これからも、王者の占術で未来を予知しながら、アクションプランを立て、これからの運命を自分でつくり出そうとしています。

他にもいます。

一人ひとりの子供と向き合い家庭的な保育をする仕事を始めたいけれど、やっていけるかどうか迷っていた主婦のKさん。王者の占術で、自分には『子供心に楽しむ才能』や、『初対面でもすぐに仲良くなって、集中して感性を発揮する才能』があることを確認しました。「やっぱりそうかあ」と笑顔満面になり、自分の才能の活かし方を学ぶことで、自信を持って仕事をするようになりました。

アロマセラピースクールの経営者Mさん。王者の占術で宿命を分析し、人生を振り返ることで、自分の心の奥にあるコア（芯）の思いを言葉にすることができました。そして、自分の職業的な才能を活かすように事業の方向性とビジネスモデルを変えたところ、４カ月で売上を3倍に急増させました。

営業が苦手と言っていたフリーランスのデザイナーのYさんは、持って生まれた自分の才能を活かす自己イメージを明確にしました。そして、そのイメージをデザインした名刺を渡すだけで、仕事が取れるようになったそうです。

このような多くの事例を見てきて言えるのは、**人は、自分本来の才能を最大限に活かすことで、自分らしくイキイキと輝いていき、誰もが魅力的になっていく**ということです。

静岡県でマッサージセラピストとしてサロンを開いていたKさんもその一人です。自分には、探究心や感性伝達力、実践継続力という才能があることに気づき、メンタリングコーチという新たな道を見つけて歩き出しました。

ある日、昔のお客様から言われたそうです。「久しぶりにホームページを見たら、別人のようにキラキラしているプロフィール写真に変わっていて、何があったのか知りたくなって、来ちゃった」と。

さて、このように、本来の自分らしく輝いて生きるための第一歩は、自分の生まれ持った才能を明確にすることなのですが……。

もしも、**王者の占術を使わないとしたら、自分で自分の才能を明確にすることって、実は、意外にむずかしい**のです。

自分の才能は、自分に聞いてもわからない

ペンギンがため息をつきました。

「ああ、自分には翼があるのに、どんなに羽ばたいても空を飛べない。ああ、あのカモメのように自由に空を飛べたらいいのに」

そこへ、カモメが舞い降りてきて言います。

「僕なんて、空の上から水の中の魚を捕まえるのに苦労しているんだよ。君は、こんなにたくさんの魚がいる海の中を、自由に素早く泳ぎ回る才能があるじゃないか」

「えっ、泳ぐなんて、僕たちは当たり前にできることさ。こんなの才能じゃないよ」

どうやらペンギンは、自分の才能に気づかないようです。

先に書いたように、**才能とは、頑張らなくても自然に結果が出せる、生まれながらの能力のことなので、自分では、それがすごいことだと思わない**のです。

では、どうしたら、自分の才能を的確に見つけることができるのでしょうか？

世の中には、これまで、自分を知るためのテストが多く開発されています。私自身、過去に自分を見失い、道に迷った時に、そういったテストをいくつも試してみました。それぞれに素晴らしい方法ですし、使いやすい方法だと思います。

ただ、どうもモヤモヤするんです。私だけでしょうか？

ご存知のように、自分を知る手法の多くは、テストで設問に答えていき、結果の点数を集計して、才能をいくつかのタイプに判定していくものです。

この、設問に答える、すなわち自分に聞いていく間に、モヤモヤする気持ちが湧き上がってくるのです。

例えば、「自分は一つのことをやり続けるのが得意である」という文章に対して、1から

5までの5段階でどれくらい当てはまるかと聞かれたとします。

「うーん、どちらとも言えないなあ」と迷ってしまい、とりあえず「3」と答えようとすること、ないですか？

または、「なんとなく4かな、5ではないな」と思いつつ、ここで5と答えたらどうなるんだろう、4と5の違いってどのくらいなんだろう、ここは5と答えた方が良いのかな、といろいろ考えながら進む気持ちの悪さ。感じたことないですか？

あるいは、テストを受ける数日前に聞いた成功者の言葉や、たまたま読んでいた偉人の話、小さい頃から親や先生に言われてきた道徳的なことなどが、頭をよぎることないですか？

「こうあるべきだ」とか、「こうありたいな」というような、『着飾った自分』を答えてしまうこと、ないですか？

さらに、「会社ではそうだけど、家では違うなあ」とか、「友達の前ではそうだけど、上司に対しては違うな」と思うことはないですか？

だって人は、立場、環境、相手との関係性によって、違う自分を持っていることがあるのですから。

こうしてモヤモヤしながら回答した結果、点数を集計して出てきた判定に、今一つ確信が持てないということになりがちなのです。また、別の日に同じテストを受けて、前と違う判定結果になってしまうこともあります。

そもそも、自分で自分がよくわからないのでテストを受けているのに、その『わからない自分』に聞いていくことには、限界があるのではないでしょうか？

ところで、「自分にはどんな才能があるのだろう」とか、「その才能を与えられた自分の人生には、どんな意味があるのだろう」という疑問を持ったのは、現代に生きる私たちだけではなかったはずです。人類がこの世に現れ、他人との関わりの中で生きるようになった、はるか昔から、多くの人が悩んできたことでもあるのです。

スマホもパソコンもインターネットもなく、心理学や脳科学や量子力学もなかった時代の先人たちは、どのように考えたのでしょう？

人間も、自然の一部に過ぎないのだから……

東洋には、昔から、こんな考え方があります。

「人間も、自然の一部に過ぎない」

自然を開拓し、高度に文明を発達させてきた私たちは、ついつい、人間だけが特別な存在であるかのように錯覚してしまいがちですが、確かに、人間は宇宙や自然の一部なのです。

現に、あなたの身体は炭素、酸素、窒素、水素などの元素で構成されていますが、それらはすべて、もとをたどれば、自然界にあった元素が、植物や動物となり、食べ物となってやってきたものばかりです。（あっ、ちょっと理系っぽい話を入れてしまいましたね。笑）

今から4千年も前に、東洋の人たちは、まさにこの『人間も自然の一部』という考えにしたがって、人間を知りたければ、自然の中に答えがあるはずだと考えました。そして、自然を丁寧に観察し、記録し、考察していったのです。

例えば、一日には昼と夜があり、一年で春夏秋冬の季節が繰り返されます。春には湿った東風、秋には乾いた西風、夏には暑い南風、冬には冷たい北風が吹きます。

種は芽を出し、大地に根を張りながら、太陽に向かって生長していきます。花を咲かせ、実をつけ、種はまた次の芽を出します。

木が燃えて炎が大きくなり、炎は水によって消され、水は木に吸収されます。

夜空の星は、毎日少しずつ位置を変え、それぞれに違う周期で元の位置に戻ります。星を観察するのは、数十年にもわたる気の長い作業です。


そのうちに人々は、**世の中のものが必ずバランスが取れている**こと、**変化が周期的であること**など、様々な自然界の法則に気づき、それらが、人間にも当てはまるはずと考えたのです。

そして、仮説を立てて検証し、時に霊感や直感も使いながら、長い時間と多くの人手をかけて体系化された学問が、「算命学」なのです。

ちなみに、これらの観察、記録、法則の発見や、仮説と検証などのプロセスは、西洋の自然科学（サイエンス）の研究と同じです。

私は、学生時代も含めると約25年の間、化学の研究の世界にいました。そして、たくさんの実験をしました。

化学というものは、いわば、自然界の法則を使って物質を変化させる学問です。「これとこれを反応させると、きっとこうなるんだろう」とか、「温度や濃度を変えたら反応はどうなるんだろう」とか考えながら、仮説を検証するために実験をするのです。実験室で一人、反応フラスコを眺めている時は、何か、自然界と対話をしているような感覚でした。

そして、私からの問いかけに対して、自然界はちゃんと答えを出してくれます。予想通りの結果で答えてくれることもありましたが、まったく期待外れの結果を与えることもしばしばでした。時には、思いもしなかった新しいものができてしまい、それがかえって画期的な発明になったこともありました。また、見たこともない神秘的な現象を目の当たりにして、サムシンググレート（大いなるもの）の存在を意識することさえありました。

化学の実験を通して、自然界はいつも私に驚きや感動を与えてくれたのです。

だからこそ私は、こう思います。

「自然界には、人智を超えた秩序がある」

人智とは、人の知恵、知識、思考のことです。人間の知恵などをはるかに超えるところに、実は厳然としたルールのようなもの（秩序）があり、自然界は、それに従って、ただひたすら、淡々と事を進めているのです。

イメージしてみてください。

ビッグバンで宇宙が生まれたのは138億年前、地球が生まれたのが46億年前と言われています。それに対して、人類の祖先が生まれたのは200万年前、、農耕や牧畜の文明を作ったのは、たかだか1万年前ですし、科学の発展はたった300年程度なのです。そして、一人の人間が100年を超えて生きることは稀です。

果てしなく広大な宇宙の、長い長い歴史の中で、ほんの一瞬にもならないような短い時間しか存在しない、ちっぽけな人間の脳で考えつくことなど、大したことはないと思いませんか？

私は、自然界の中で、人間はいつも謙虚でなくてはならないと思っています。

そして、そんな非力な人間が、少しでも自分たちと宇宙を理解しようと努力した結果が算命学だとしたら、私たちは、それがまだ科学で証明されていないからと言って、頭から否定する必要はないと考えています。

人間分析の白眉「王者の占術」に惚《ほ》れ込んだ工学博士

「白眉《はくび》」とは、たくさんある優れたものの中でも、特に優れたもののことをいいます。理屈が通らないものを信じないはずの理系人間の私が、占いである算命学を、人間分析の白眉として、惚れ込んだ理由をお話ししましょう。

第一の理由は、**実際に現場で役に立つスキルである**ことです。

私は、どんなに優れた学問でも、それが実際に人の役に立つまでの道のりが遠いものは、あまり興味を持てません。基礎よりも応用、理学よりも工学が好きです。なので、私の研究者時代は、理屈を証明する科学論文の発表数よりも、実用性が重要となる特許の出願数の方が圧倒的に多かったのです。

算命学は、人が持って生まれた宿命（性格、気質、才能、相性など）を、客観的に分析することができます。特に、例えば「仕事に対しては知的で冷静だけれど、身内に対しては楽観的に感情で動く」などのように、人を多面的にとらえられるところが、実用性が高いという一番の理由です。

また、本書では扱いませんが、これから先にどんなことが起こるのか、時代や社会がどう変わるのか、動くべきタイミングはいつなのかなどを予測することもできます。

そして、人材育成や適材適所配置、人間関係やコミュニケーションの問題を扱うときや、人生やビジネスの方向性や計画を決めるときなどに、とても役に立つのです。


二つ目の理由は、ワクワクする未知の領域がたくさんあるということです。算命学自体が、**単なる占いという枠を超えた深い知恵と技術がつまった学問体系になっているのですが、同時に多くの謎に満ちています**。

生年月日を使って分析しますが、単なる統計学ではありません。そこが、またいいのです。じゃあ、なんなの？　なんで当たるの？って考えると、好奇心、探究心が燃えてくるのです。


三つ目は、**3千年以上の長い間、数多くの賢者が研究し、実践してきた**という事実です。机上の空論ではなく、実際に活用され、検証されながら、何世代にもわたって引き継がれてきたのには、それなりに実用性、信憑性があるからです。

役に立たないもの、いいかげんなまやかしのものは、いつか人に使われなくなり、消えていってしまいますよね。

私の専門だった化学では、研究者たちが最も基本的に活用するのが、元素周期表というものです。中学校で、『水兵リーベ、ボクの船』と言って覚えたあれです。メンデレーエフという人がこの元素周期表を発表したのは、今からわずか150年前のことでした。その20倍の歴史を持つのが算命学なのです。

私たちは、東洋の先人たちの知恵を謙虚に学び、実践し、今に活かすべきだと思っています。

四つ目は、**ロジックが美しい**こと。

美しいかどうかは、理屈ではありません。感性の世界です。ちょっと難しいので、ここでは詳しく説明しませんが、暦（干支）から星を算出するルールやロジックには、自然界のダイナミズムのようなものを感じます。また、数理法という、宿命のエネルギーを計算して現実の出来事を予測していくロジックも見事です。さらに、陰陽五行の関係をイメージして宿命分析するときには、美しい自然の光景が浮かんできます。余談ですが、あとで出てくる「相剋《そうこく》」というエネルギーのぶつかり合いを表す図（五芒星《ごぼうせい》）には、人が美しいと感じる黄金比率が隠されていたりするのです。

そしてもう一つ。算命学が**帝王（リーダー）のための学問である**こと。

つまり、さまざまな困難の中で国や組織を安泰に保つための知恵の結集が、ずっと長い間、一人の弟子にしか伝えない一子相伝の秘密とされてきました。

それがようやく戦後になって日本に伝わり、私たちがこうして身近に学び、活用できるようになったことに感謝しています。

今、世界中で、解決が困難な問題が山積みです。経験したことのないような出来事が次々と起こり、先行きも見通せず、社会全体が混迷しています。

こんな時だからこそ、**「人間も自然界の一部に過ぎない」という原点に戻るべきだ**と考えています。

自然界の法則に基づいた東洋の知恵を活かして、一人ひとりが自分らしく才能を発揮するリーダー（主人公）になる時がやってきていると思うのです。

当たっていないという人は、幸いである

私は、もう十年以上、のべ２０００人以上の宿命分析・相談をしてきました。「ちょっとみて」と言われて簡単に見てあげた場合や、有名人の事例研究などを入れると、おそらく1万人以上の宿命分析をしてきたように思います。

算命学は、さすが3千年の歴史に耐えてきた学問だけあって、よく当たります。なので、私が相手の方の宿命（性格、気質、思考パターン、好み、才能など）を分析すると、「なんでそんなによくわかるの？」と驚かれることがほとんどです。

ただし……、

宿命の中でも、特に才能についてだけは、分析結果を聞いても「ピンとこない」と言われることがあるのです。

そして私は、面白いことに気づきました。

それは、相手の才能を見てあげたときに、感激の声をあげながら、「うわあ、すごいな。100%当たっている、その通り！」という人は、実際に人生やビジネスで成功していることが多いということです。

それに対して、「うーん、それが私の才能ですか？」というように、ピンとこない人は、どこか人生がうまくいっていないことが多いのです。

これはつまり、「100%当たっている」と感じる人は、自然に本来の自分の才能を十分に活かしていて、だからこそ、成功している王者になっているのだと思うのです。

一方、「当たっていない」という人は、自分の持って生まれた才能に気づかず、ある意味、「違う自分」を生きていて、才能を活かしきれていないのではないでしょうか？

だとしたら、**「当たっていない」と感じた人は幸いです。**

この王者の占術で、本来の自分の才能を把握し、その活かし方を知って行動すれば良いからです。そうすれば、人生が無理なく成功に向かうのです。

むしろ、「当たっていない」と感じた分だけ、大きく運命を好転させることが可能です。伸びしろが大きいということです。

一方、「当たっている」と感じた人も幸いです。

自分の才能をさらに深く知り、もっとうまく活かす方法を知ることで、今以上に自分らしく、充実した人生をつくっていけるということになります。

これからあなたはこの本で、本来の自分の才能を見つけ、その活かし方を学んでいきます。

その前に、一つ大事なことをお伝えします。

生まれた日に5つの才能のタネを手に入れる

実は、王者の占術で見つけられるのは、「才能」ではなく、

「才能のタネ」

なのです。

算命学では、**人は生まれたその日に、才能のタネを5つ手に入れる**と考えます。（厳密には5つ以上なのですが、通常の鑑定では主に5つを見ていきます）

詳しくは第2章でお話ししますが、**才能のタネは、全部で10種類**あって、その中から5つを選んで生まれてくるとされています。

大事なことは、その5つのタネは、タネのままでは才能にはならないということです。

生まれてから成長していく過程で、タネが芽を出し、花を開かせることで初めて才能となります。まさに才能は開花するものなのです。

例えば、芸術的な絵を描く才能のタネを生まれながらに持っている人と、持っていない人がいるとします。持っている人は、その才能のタネを開花させることができれば、継続的に、芸術的な絵を描くことができるのです。

一方、その才能のタネを持っていない人も、努力して頑張れば、やがて素晴らしい絵を描くことができるようになります。

でもそれは、頑張っているからなのです。絵を描くたびに、何度でも、いつまでも、芸術的な絵を描けるかどうかを考えると、才能を持って生まれた人には及ばないことがあるのです。

それが、才能というものです。

また、せっかく才能のタネを持って生まれてきても、十分に開花していない、つまり、活かしきれていないままでいることも多いようです。そして、そのことによって問題が起こることもあります。

冒頭の愛さんの話にもあったように、もしも今あなたが、どうも人生がうまくいっていないなと思ったら、それは、持って生まれた才能を活かしきれていないということかもしれません。つまり、本来の自分らしくない運命に流されている可能性があるということです。

さて、本書の王者の占術では、人が生まれた日に手に入れる5つの才能のタネを、57ページの図1Aのように、**キャラクター**の**チャート**で表します。元になっている算命学では、図1Bのように難しい漢字の星で表されますが、本書のメソッドでは、初めての方でも直感的に理解できるようにキャラクターを使って解説していきます。

では、準備が整いました。第2章にお進みください。王者の占術の仕組みと使い方をお話しいたします。

なお、すでに算命学を学んだことのある方にお知らせです。本書の王者の占術でいう「才能」という言葉は、一般的な意味で使っています。算命学の才能占技で出てくる才能とは違います。もちろん、私も実際の鑑定では、才能占技を使って厳密にみていきますが、ここでは、初めての方でもわかりやすいように、その人が持つ5つの十大主星すべてを才能のタネとして平等に扱っていきます。

第２章

自分の才能のタネを見つける

王者の占術は、才能をタイプ分けしない

ご存知のように、生年月日を使う占いの多くは、人の性格や才能を、例えば頭脳派タイプとか、芸術家タイプなどのように、いくつかの種類に分けて判定します。星で表したり、動物で表したりすることもあります。

一方、王者の占いはタイプ分けをしません。57ページの図1Aのように、人が持つ5つのキャラクターの組み合わせで表すチャートで示していくのです。

タイプ分けはシンプルでわかりやすく、使いやすいという長所があります。だから多くの人に知られています。

「あなたは目標志向タイプなので、状況対応タイプの人にはこういう言い方をしましょう」などのように、コミュニケーションの改善には役に立ちます。

ただ、自分は何に向いているのか、適職は何か、これからどの方向に進んだらいいかなどを見ようとすると、わずか数種類のタイプだけでは、物足りなくなってしまうのです。

とある女性起業家コミュニティのリーダーの方が、こんなことをおっしゃっていました。

「最近の意識の高い女性は、自分らしさを大切にしようとしています。タイプ分けされることを好まないいんです」

つまり、単純にタイプに分けられてしまうと、「私は、もっと複雑なはず。タイプの枠に、はめられたくない。私は私です」と思うようです。


確かにそうかもしれません。

一人の人間は、様々な性格や才能を組み合わせて持っています。例えば、仕事場では、テキパキと緻密な作業をする才能を発揮したかと思うと、家ではのんびりと余裕を持って、料理を楽しむ才能を発揮します。上司には鋭い感性で批判的に対応するのに、部下にはおおらかに優しく対応するなど、実に複雑です。


ところであなたは、美術館などで、クロード・モネなどの印象派の絵画を間近で見たことはありますか？

モネの『睡蓮の池』という絵の中で光り輝く緑色の水面は、よく見ると、緑の色以外に、黄、赤、白、黒、青など、実に様々な色の細かな絵の具の点や線が集まって描かれています。少し離れて見ると、それらの細かい色が互いに影響しあって、全体として美しい緑になっているのです。筆触分割《ひっしょくぶんかつ》という手法です。

複雑で多様な人間の才能を、わずか数種類のタイプで判定するということは、このモネの絵を指して、「ああ、この池は緑色です」と言い切ることに似ています。モネが生きていたら怒り出すでしょう。「おいおい、もっとよく見てくれ。この絵は、そんな単純じゃない！」って。

実は、算命学を使う占い師さんは、57ページの図1Bよりもさらに複雑な宿命図（命式）を使って、相手の個性や才能をいろんな角度から詳しく見ていきます。あたかもモネの絵の細かい一つ一つの絵の具の色が見えているかのように、人をとらえているのです。

熟練した占い師になると、人の性格や才能はもちろんのこと、不運の原因や改良法、お金の儲け方や出世する方法、他人との相性や口説き方、動くタイミングなどなど、様々なことを自由自在に見ることができます。

あまりにたくさんのことがわかるので、できる占い師さんは、最初に必ず「何が知りたいですか？」と聞くはずです。

そして例えば、結婚の問題ならここを見る、仕事の適性の問題ならここを見るというように、相手の悩みに応じて、見るべきポイントを絞って鑑定していくのです。

あっ、安心してください。

私はあなたに、「占い師さんのように、細かく詳しく自分を見られるようになってください」と言っているのではありません。複雑で奥の深い算命学を使いこなせるようになるには、通常、何年もかかってしまいます。その必要はありません。

本書では、**「持って生まれた才能を活かす」**という目的に絞って、算命学の膨大な体系の中から必要最小限の部分を取り出して、誰でも使えるようなメソッドにまとめました。

算命学では、「人は、自分の持って生まれたものを最大限に燃焼させているときに、最も幸せに輝く」と伝えられています。

私は、一人でも多くの人々が、本来の自分を知ることで、今以上に自分らしく輝く社会をつくりたいと思っています。そして、そのために、少なくとも自分の才能を自分で読み解けるようになっていただきたいのです。

そうです。**王者は、自分で自分の運命を切りひらく**のです。

才能を形作る10種のキャラクターたち

次ページの、3人の**宿命チャート**（図1A、図2、図3）をご覧ください。

それぞれが、左右、上下、中央の5カ所に数種類のキャラクターが配置されていますね。

どのキャラクターをどの場所に持っているかは、生年月日によって決まります。

生まれた日の暦（こよみ）から、一定の規則に従って導き出すのです。今は、分析システムに生年月日を入力するだけで、瞬時に出てきます。

もちろん、あなた自身も5つのキャラクターを持って生まれてきていますので、後ほど調べていただきますが、あわてないでください。

まずは、宿命チャートの見方を説明していきますね。

Aさん（1945年8月22日生まれ）

図１Ａ

	鳳閣星	
石門星	玉堂星	龍高星
	調舒星	

図１Ｂ

Bさん（1955年7月1日生まれ）

図２

Cさん（1965年9月2日生まれ）

図３

人が持って生まれるキャラクターは全部で10種類です（表1）。それぞれが強力な個性をもったキャラクターたちです。

これらは、算命学の十大主星《じゅうだいしゅせい》というものを、その特性を端的に表す名前に変えて、プロの漫画家さんにデザインしていただいたものです。キャラの表情、ポーズ、配色は、元の十大主星の持つ意味を表現しています。十人十色（じゅうにんといろ）の意味を込めて、「トイロキャラ」と名付けました。以後、ごひいきに願います（笑）。

表1でわかるように、トイロキャラは、5つの性質（木性、火性、土性、金性、水性）に分類されます。

そして、世の中に昼と夜があるように、陽と陰に分かれています。

トイロキャラは、それぞれが特徴的な**「思いのエネルギー」（想念）**を持っていると考えてください。

つまり、このキャラたちが私たちの心の中に住んでいて、

「○○したい」

という想念となって現れ、才能をつくり出していくのです。

表１　トイロキャラ

	木性	火性	土性	金性	水性
陽	 ストレート まっすぐ やり続けたい	 イノセント 無邪気に 楽しみたい	 ハートフル やってあげて 好かれたい	 スピード 素早く動いて 変えたい	 ユニーク ユニークで ありたい
陰	 ハーモニー 人と仲良くして 広がりたい	 フォーカス いいものを 生み出したい	 リアリティ 現実を 大切にしたい	 プライド さすがと 言われたい	 セオリー 学びたい 教えたい

ストレートは、その名の通り、真っ直ぐなキャラです。杉やヒノキのように、真っ直ぐ伸びようとします。口を真一文字にぎゅっと結んで、両手を握りしめています。頑固そうですね。何かに向かって、真っ直ぐやり続けたいという想念を持っています。

ハーモニーは柔らかい表情で花をつけています。草花が地面に広がって生えていくように、人と仲良くして輪を広げようとする想念です。異質なものが混ざっていても和合し、調和していきます。よく見ると、顔ではニコニコ笑っていますが、身体がどっしりしていますね。表面上は相手に合わせますが、芯は譲らない頑固さを秘めているのです。

イノセントは、子供心で無邪気に楽しみたいという想念を持っています。太陽が空から世の中を隅々まで照らすように、広く公平に明るさと暖かさを伝えようとします。たとえ暗く冷たい夜が来たとしても、翌朝にまた陽は昇るとばかりにニコニコと楽天的なキャラです。

フォーカスは、灯火のように、目の前のものに集中的に熱と光を伝えようとします。明るい昼間には目立たない灯火が、暗い夜に近くの人だけを明るく照らすように、わかる人だけわかれば良いという孤独な感性を発揮します。しゃべるよりは、作品などを生み出すことで伝えようとする想念です。

ハートフルは、山が不動の落ち着きを持っていて、困っているならここにおいでと、旗を振って注意を引いています。おおらかに受け入れて、相手のためにやってあげる優しさと奉仕の精神を持ちます。人から好かれたい、中央にいたいという想念です。

リアリティは、お財布（がまぐち）の形をしている現実的なキャラです。お金、時間、人脈、情報などを集めて蓄積しようとします。未来の夢よりも、今、ここ、自分の現実、生活、家庭を大切にしたいという想念です。派手さはなく、質素で堅実、落ち着いた魅力を発揮します。

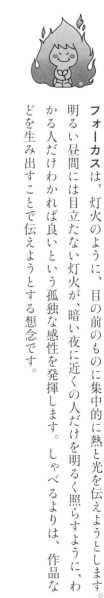

スピードは行動的なキャラです。鋼鉄の刀で切るように、素早く動いて何かを変えたいという想念です。人と相談したり戦略を立てたりするよりも、自分でさっさとやったほうが早いとばかりに、まず動いてみて、得られた結果から学んでいきます。先の見えない混乱状態の時には頼りになります。

プライドは、さすがと言われたい、認められたいという想念を持っています。単独で動こうとするスピードキャラとは対照的に、団体で行動して、多少時間がかかっても、しっかりとした実績を残そうとします。宝石のように輝きを求めるのです。戦略や決め事、ルールなどに従おうとする真面目さが特徴です。

ユニークは、その名の通り、ユニーク（独特）であろうとする知的な想念です。学んだことを応用して、新しいもの、他にないものを発想しようとします。キャラのイラストは、大きな海の波が立ち上がっている様子を表しています。変化がない環境や、同じことをやり続けることは苦手で、飛び出そうとします。

セオリーは、水滴のキャラが本を読んでいますね。正統・理論的に学びたい、教えたいという想念を持ち、ユニークとは異なり、応用展開よりは、基礎・伝統を重視する学びです。短時間で知識・情報を習得し、それを教えることが上手です。また、恵みの雨（水滴）が草木を成長させるように、母性愛で相手を育てる才能にもなっていきます。

以上、トイロキャラを簡単にご紹介いたしました。

十年以上つきあっている私にとっては、どれもかわいい、愛すべきキャラクターたちです。

もちろん、一つ一つのキャラには、さらに多くの意味や特徴があるのですが、混乱してしまいますので、最初はできるだけシンプルにとらえておきましょう。

立場や場面で、発揮する才能が変わる

宿命チャートには、方角に例えて、東・西・南・北・中央の5つの場所があります。そして、それぞれの場所に意味があります（図4）。

Aさん（1945年8月22日生まれ）

中央は、その人の中心的な思いや生き方を意味する場所です。ここに、例えばAさんのようにセオリーを持っている場合は、生涯にわたって学びたい、教えたいという思いを持つのです。知識を吸収したり、研究したり、修行したりする探究心や、誰かの面倒を見ようとする母性愛の生き方をするということです。言葉を変えれば、学び、教えの才能のタネを中心に持っている人と言えるでしょう。

東の場所は、外側の現実を意味します。現実とは、例えば、

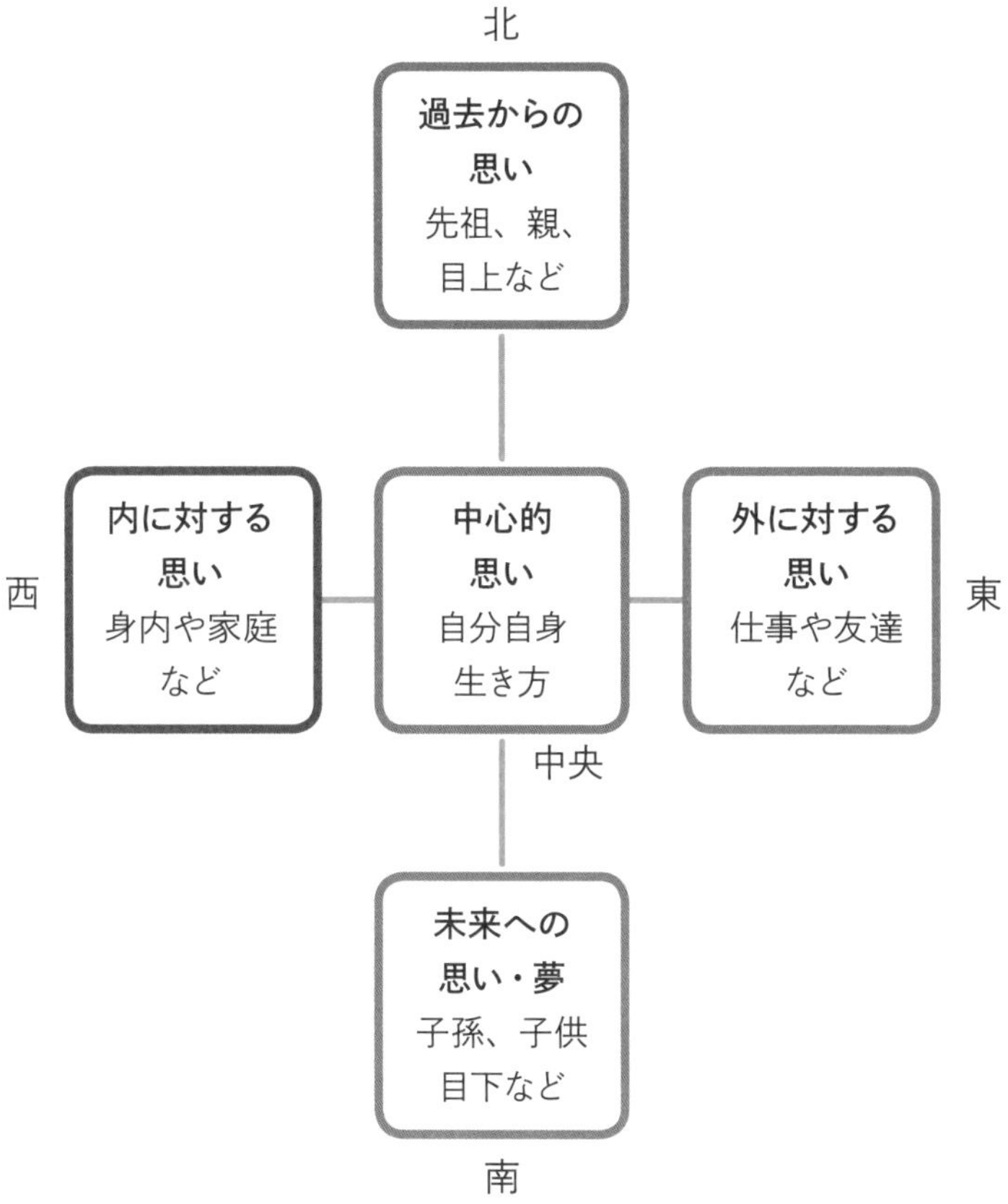
北
過去からの
思い
先祖、親、
目上など
西
内に対する
思い
身内や家庭
など
中心的
思い
自分自身
生き方
外に対する
思い
仕事や友達
など
東
中央
未来への
思い・夢
子孫、子供
目下など
南

図４

朝起きて、ご飯を食べて、仕事に出かけ、夜は友達と遊んで、帰ったらお風呂に入って寝るというような、時間の経過とともに起こる出来事すべてと考えてください。外側の現実とは、家の外に出た時に現れる現実、すなわち、仕事や友達などですね。

つまり、東の場所に出てくるキャラは、仕事や友達などに対してどんな想念で対応するのか、どんな才能を発揮するのかを表します。例えば、ユニークというキャラを東に持っているAさんの場合、ユニークな言動で仕事をする人、交友関係においても個性的であろうとする人ということになります。おそらくAさんは、周りの人から、「この人は面白いなあ、変わった人だなあ」と見られていることでしょう。

西の場所は、内側の現実、つまり家庭、配偶者などを表します。あるいは、仕事上の右腕になる人、補佐役、参謀なども表します。ここに配置されるキャラは、いわば身内に見せる顔、あるいは、内側に発揮する才能のタネになります。

外で見せる顔と、家に帰って来て身内に見せる顔とでは、違いがある方も多いのではないでしょうか？　また、恋人の時に見せていた顔が、結婚して身内になると変わってしまい、相手から「あれ、こんな人じゃなかったのに…」と言われることもあるかもしれませんね。

外ではユニークで変わった人に見えるAさんも、西にハーモニーを持っているので、身内や親しい人に対しては、柔らかい調和のエネルギーを出すのです。「友達の友達は、皆友達だ」とばかりに、家に友達を連れてきて料理を振る舞ったりします。

さて、東と中央と西は、現実の場所ですが、南と北は精神の場所と言われています。ちょっと難しいかもしれませんが、南を精神の未来、北を精神の過去と考えます。

南に配置されるキャラは、未来に対してどんな思いを抱いているかを表します。「こうなったらワクワクするな」「こうなりたいな」というエネルギーです。そして、自分の未来を託す人物、すなわち子供や子孫、あるいは、部下や後輩に対して、そのキャラの想念を抱くわけです。

南にフォーカスのキャラを持つAさんは、「いいものを生み出したい」という未来への思い（趣味、夢）を持ちます。この「いいもの」は、理屈ではなく、感性で決まる「いいもの」です。音楽、絵画、文芸、工作技術、職人や匠の技など、アートの世界です。例えば、ジャズなどがお好きかもしれませんね。独特な感性で、好きなものに集中したいので、孤独という一面が出てきます。一般的に、南にフォーカスを持つ人は、部下や後輩とは関わりが薄くなるようです。Aさんは、おそらく弟子を取らない人ではないでしょうか。

一方、**北の場所にあるキャラは、過去からどんな思いを抱いているか、どんなオーラを背負っているか**を示します。「こうあるべきだ」とか「こうあるのが当然だよね」というようなエネルギーです。

そしてまた、過去からいる人物、例えば、親、先祖、上司、先輩に対してそのキャラのエネルギーを出していくのです。

北にイノセントのキャラを持つAさんは、生まれつき明るく無邪気で楽天的なところがあり、自然と人を楽しませるようなオーラをまとっています。そして、イノセントのエネルギーに共鳴するかのように、明るく無邪気な先輩や師匠に恵まれ、引き立てられていくことでしょう。

このように、宿命チャートで東西南北のキャラを見ることで、立場や場面で変わる性格や才能を分析することができるのです。

キャラの組み合わせで才能がつくられる

ところで、宿命チャートのどの場所にどのキャラが配置されるのかという組み合わせのパターンは、全部で何通りあると思いますか？

１つの場所には、10種類のキャラが入ります。場所が５つあるので、その組み合わせは、10×10×10×10×10となって、なんと**10万通り**になるのです。つまり、あなたと同じキャラを同じ配置で持って生まれてくる人は、10万人に一人ということになりますね。

そして、もう一つ重要なことがあります。

１つのキャラが一つの才能を発揮するというわけではなく、２つ、３つ、４つと、複数のキャラが組み合わさって才能となっていくのです。

例えば、イノセントとストレートが組み合わさって、明るく押しが強い営業の才能となったり、ユニークとスピードの組み合わせで、奇抜なアイデアでスッキリ問題を解決する才能となったりするのです。

つまり、10万通りある組み合わせのキャラクターが、場所の意味を持ちながら、複数組み合わさって才能を発揮するのです。その組み合わせパターンの数といったら……、考えたくもないくらい、たくさんですね（笑）。
まさに、個性は千差万別、人の数だけ才能の種類があるということになります。

事例として図2のBさんを見てみましょう。
まず、宿命チャート全体の色味をみてください。東のスピードキャラ以外は、赤や緑、茶色の暖色系キャラですね。クールでドライな一面もありますが、全体的には明るくて、実は温かい人だとわかります。

Bさん（1955年7月1日生まれ）

北の場所（精神の過去）にイノセントがあるので、根っから無邪気で明るく、おしゃべりなどで人を楽しませようとします。
中央にハートフルがあり、「やってあげて好かれたい」という愛情奉仕の想念を持っていて、そういう生き方になります。北のイノセントと合わさって、小さい頃から人を笑わせるサービス精神で、クラスの人気者になる才能を発揮しそうです。
東のキャラは、外側の現実に対する想念です。東にスピードキャラがあるこの人は、忙しく行動的なスタイルで仕事をするようです。直接身体を動かす仕事（肉体労働やスポーツマンなど）はもちろん、素早く行動して問題を解決する仕事なども向いています。もしかしたら、北のイノセントと合わさって、その場の状況を見て素早くツッコミを入れるお笑い芸人の才能を見せるかもしれません。

西にハーモニーを持っているので、内面は寂しがり屋ですね。おそらくプライベートでは、友達に囲まれてワイワイしているのが好きでしょう。

南にもハーモニーを持つため、目下や後輩に対して偉そうに振る舞うことはなく、友達感覚で接します。若い人と同じ目線でつきあう才能が、東のスピードと組み合わさって、若々しさにつながります。

Cさん（1965年9月2日生まれ）

図3のCさんはどうでしょうか。

全体的にクールな色のキャラが多めですね。Bさんに比べて、冷静な感じの方なのでしょう。

この人の中央の場所（生き方）には、フォーカスが入っています。いいものを生み出したい、感じたいという想念を持ち、そういう生き方をします。フォーカスのイラストをよく見ると、膝を抱えて考え込んでいますね。自分と向き合う、孤独な生き方を選びます。ただし、本人は孤独を嫌とは思わないようです。むしろ、大勢の中にいて、無理に人に合わせるくらいなら、一人でいることを選びます。

東（仕事や友達）のキャラはセオリーです。知りたい、学びたい、教えたいという想念を表します。例えば学校や塾の先生、研究者のような仕事をする人のイメージです。

南（未来への思い・夢）は、プライドです。実績を出して、「さすが！」と言われたい、品格を保ちたいという夢を持ちます。東のセオリーと組み合わせると、プライドを保ちながら教える才能になります。もし、教職をやるなら、子供と目線を合わせる小学校の先生というよりも、高校や大学、受験予備校の先生に向いていると思われます。

北（過去からの思い）はスピードなので、「やるのは、今でしょ！」というように、素早く結果を出すべきというオーラをまとっています。セオリーと合わせると、本を素早く読んだり、出された問題に即答したりする才能になっていきます。

西（身内や家庭）は、ストレート。家では頑固に、何かの目標に向かって勉強や修行、練習などをしていそうですね。

いかがでしょう。王者の占術は、タイプ分けでなく、チャートで見るという意味が、だんだんおわかりいただけたのではないでしょうか？

あなたの中に住んでいるキャラクターたちに出会う

お待たせしました。ここで、あなた自身の宿命チャートを見てみましょう。

204ページのQRコードをスマートフォンで読み取っていただくか、パソコンで、QRコードの下に書かれているURLを直接入力して検索して、宿命チャート判定サイトに入ってください。

サイトに入る際に、パスワードを聞かれるので、第1章の最初のお話の冒頭の1文字（セミナーに参加する主人公の女性の名前、漢字1文字）を入力してください。

ご自分の生年月日を入力して判定ボタンを押すと、宿命チャートが出てきます。生年月日は、役所に届けた日ではなく、実際に生まれた日を入れてください。夜中に生まれた場合、真夜中の0時を境に日付が変わるものとしてください。

また、海外で生まれた場合、その国の日付で結構です。例えば、アメリカで1月2日に生まれた場合、その時の日本時間では1月3日だとしても、生年月日は1月2日としてください。

いかがですか？　ご自分の宿命チャートをご覧になって、どんな印象を受けましたか？

全体的な配色はどうでしょう？　赤や緑などの暖色系が多いですか？　黒や紫、グレーなど寒色系が多いですか？　無口そうなキャラが並んでいますか？　それとも、ニコニコ笑っているキャラが多いですか？

実は、**5つのキャラの配色や表情を見たときに受ける印象は、そのまま、あなたが周囲の人にどんなエネルギーを発しているか、あるいは、どう見られているかを表しています。**

例えば、真ん中が黒や紫のキャラで、周りが赤やオレンジのキャラに囲まれていると、周りの人には、明るく情熱的に振る舞っているけれど、心の中は意外と冷静で、知的に生きようとするクールな人かもしれません。

あるいは、東が寒色系の色で、西が暖色系の色の人は、始めはとっつきにくい冷たい感じがするけれど、つきあって行くうちに明るい笑顔を見せてくれるはずです。

また、全体的にホットでもクールでもない中間の色（茶色など）が多い人は、おおらかで落ち着きと包容力のある印象を与えるということです。

特にこれらは、自分が気を抜いている時、自分を演じていない時に、誰かに与えてしまっている印象となるのです。いわゆる、素の自分というものです。

また、ご自分が持っている5つのキャラについて、表1の各キャラの想念のキーフレーズを見てどんな感想を持ちましたでしょうか？

「なるほど、当たってる！」と納得できましたでしょうか？

もしもあなたが、「そう言われるとそうかもしれないけれど、どうもピンとこないな」とか、「意外だな」などと思ったとしても、大丈夫です。それが普通ですから。

私の経験上、半数以上の方が、初めは「あれ？　そうかなあ」と思うキャラを一つか二つ持っています。中には3つ以上持っている方もいらっしゃいます。

それは、キャラのキーフレーズがシンプルで抽象的だからという理由もありますが、想念という自分の中の自覚しにくい部分を見ているからでもあります。

トイロキャラの詳しい解説を、第3章にまとめておきましたので、後ほど、ご自分の5つのキャラを一つずつ丁寧に見ていきましょう。

さて、その前に、なぜ王者の占術・算命学が、生年月日から人の性格や才能を分析することができるのか、その理屈について、考えてみましょう。

…といっても、理系で工学博士の私が、10年以上算命学を研究した結果、その理屈を科学的に証明する！　という話ではありません。すみません。

正直なところ、まだまだわかっていないことがたくさんあります（だからこそ、興味がつきないのですが）。

ただ、私自身が算命学をどのように捉えているかをお伝えすることで、少しでも理解・納得してから、活用していただきたいと思っているのです。

なぜ、生年月日から才能のタネが見つかるのか

算命学の源流が生まれたのは、はるか昔、お釈迦様が生まれるずっと前のことです。

おそらく霊的な能力を持っていた東洋の賢人たちは、自然界の現象に向き合いながら、この世の中をどう理解したらいいか、思いを巡らせたようです。ひょっとしたら、スピリチュアルな啓示のようなものを受け取ったかもしれません。

そして、どうも自然界には**「氣《き》」**というものが存在し、それが森羅万象、さまざまなものを形成しているのだと考えるようになりました。

氣というのは、西洋の科学でいう、エネルギーのようなものと考えてもいいかもしれません。

エネルギーって言われても、目に見えないし、私たちにとっては、とらえどころのないものですよね。でも、科学の世界では、すべての物質は小さな粒の単純な集まりではなく、エネルギーで形成されているということが、すでに常識になっています。

そして彼らは、氣には、次のような5種類があるとしました。

木のように、継続的に何かを伸長展開させていく氣。
火のように、熱や光を伝えて何かを変化させていく氣。
土のように、何かを引きつけ、おさめてまとめていく氣。
金のように、何かにぶつかって攻撃し、破壊するような氣。
水のように、形を変えながら何かを吸収し、与えるような氣。

そして面白いことに、世の中に満ちているこれら5つの氣のバランスが毎日変わると結論づけたのです。つまり、今日は木の氣が強いな、翌日は土の氣が強いぞ、あれ、その次の日は水の氣が強くなったなというように、毎日、どれかが強くなって、どれかが弱くなると考えたわけです。

彼らはさらに、年・月・日それぞれについて、一定の周期で氣が変化するという規則を見つけて、暦の体系に落とし込んでいきました。干支暦《かんしれき》と言います。

なんと、暦を見れば、その日はどんなバランスで氣が満ちているのかがわかるようにしたのです。

毎日、氣のバランスが変わる？

私は、それはあり得ることだと思っています。

例えば、地球に対して、月がどちら側にあるかによって、満潮や干潮という潮の満ち引きが起こります。月の引力が、地球に影響を与えているからです。また、地球は太陽の周りを1年で回り、木星は12年、土星は30年で回ります。つまり、月の1日周期に加えて、太陽の1年周期、木星の12年周期、土星の30年周期で、それぞれの星の位置関係が変わっていくのです。ですから地球は毎日のように違う形で、それらから影響を受けているのです。

他にも地球の近くには、水星、金星、火星などがありますし、それら以外にも周期的に変化している自然物はありそうです。

そうした様々なものが影響を及ぼし合っていると考えれば、私たちを取り巻く氣のバランスが毎日変わってもおかしくはないのです。

自然界のすべてのものは氣でできている。世の中には5種類の氣が満ちていて、そのバランスが毎日変わる。そして、人間も自然界の一部である。

だとすると、たまたま**今日生まれた赤ちゃんは、今日の氣のバランスを受け取って生まれてくる**と考えてもいいのではないでしょうか。まるで、フィルム式カメラのシャッターが開いて、フィルムが感光し、その瞬間の映像を焼き付けるかのように。

赤ちゃんは生まれる時に、へその緒が切れます。すると、それまでお母さんから胎盤を通して供給されていたエネルギーが途絶えます。

そして、「おぎゃあ」という泣き声を発しながら、初めてこの世の空気という「氣」を肺の中に取り入れるのです。

実は、この瞬間に、血流にも大きな変化が起こっていて、それまでほとんど流れなかった肺の中に血液が大量に送り込まれていくことになります。肺で外界の氣を取り込んだ血液は、全身の隅々にまで流れていき、同時に肝臓も活発に機能し始めます。

真っさらなキャンバスに、絵が描かれていくのです。

つまり人間は、自力で肺呼吸を始めるというその劇的な瞬間に、その日の氣のバランスが身体に刻み込まれ、それが性格や才能のタネになると考えられるのです。

例えば、火の氣が多い日に生まれた赤ちゃんは、明るく陽気に何かを伝えようとする子になるだろうし、金の氣が多い日に生まれた赤ちゃんは、行動して結果を出そうとする子になるだろうというわけです。

もちろん、これほど単純ではないのですが、算命学が生年月日から人の才能のタネを見つけることができるのは、おおよそこういう理屈だと思われます。

才能のタネは、環境（経験・学習）で育てる

もう一つ、今までに私が多くの方々にされてきた質問にお答えします。

それは、「生年月日がまったく同じ双子の場合は、才能も同じになるのですか」という質問です。


ここまで読んできたあなたなら、もうお分かりですね。

生年月日が同じなら、刻み込まれた氣のバランスは同じですので、その氣から形成される才能のタネも同じになります。

ただし、**才能が全く同じになるとは限りません**。双子なので性格は似ていますが、微妙に違う才能を発揮して、違う道に進むことはよくあることです。

同じ才能のタネを持っているのに、なぜ発揮する才能が違ってくるのか、その謎について考えていきましょう。そのカラクリがわかれば、これからあなたが、ご自分の才能のタネをどのように扱っていけば良いのかが見えてきます。

ちょっと想像を働かせてください。

川の底にBさんとCさんが仰向けに寝ています。想像の世界ですから、水中なのに、二人の呼吸や栄養補給は問題ないと考えてください（笑）。

二人には、それぞれ、頭、胸、お腹、右手、左手の5か所に、異なる色のプレートがつけられています。Bさんは、頭は赤、胸は茶、お腹は黄緑、右手は黄緑、左手はグレーです。Cさんは、頭はグレー、胸はオレンジ、お腹は白、右手は緑、左手は紫です。お気づきかもしれませんが、図2と図3の2人のトイロキャラ（才能のタネ）がプレートになっています。

うーん、それにしても、川底に色とりどりのプレートをつけて寝ている二人の絵は、とてもシュールですね。

さて、この川には、様々な色のボールがたくさん流れてきます。二人の人生に起こりうる様々な出来事や人との出会いを表していると思ってください。

二人のつけているプレートは、同じ色のボールを磁石のようにくっつけていきます。赤色のプレートには赤いボール、茶色のプレートには茶色のボールというようにくっつけていくのです。ボールをくっつけるということは、出来事や人との出会いを経験し、学習、成長するということを意味しています。

ボールの数は、数え切れないほど多いので、ほとんどのボールはプレートにくっつくことなく流れていってしまいます。それでも、その中からいくつかのボールを無意識にくっつけていきます。

やがて、時間がたつにつれ、プレートにくっついたボールは高く積み上がっていきます。様々な人生経験をして才能のタネが成長していくのです。ボールの山はどんどん高くなって、やがて川の水面から顔を出し、人々から見えるようになります。

「ああ、Bさんは、お笑いの才能があるね」とか、「Cさんは、学んで教えるのが上手だね」などと言われるようになるのです。

さて、どの色のボールが流れてくるのかは、二人がどの川の底に寝ているかによります。赤、黄、緑の色のボールが多く流れてくる「商売繁盛、笑って暮らそう」という暖色系の川もあれば、白や黒のボールが多く、たまにしか赤のボールが流れてこないような、「人生は修行だ」という寒色系の川もあります。もし、Cさんが暖色系の川に寝ていたとしたら、学び・教えの出来事を意味する紫のボールの数が少ないので、なかなかその才能は育っていかないのです。

また、仮にCさんが寒色系の川に寝ていたとしても、目の前に流れる紫のボールを見過ごしてしまってプレートにくっつけなければ、やはり、学びの才能は育たないということになります。

さらに厄介なことに、中間色のボールも流れてきます。

例えば、赤紫のボールが流れてくると、紫のプレートは、紫に似ているそのボールをくっつけてしまうことがあるのです。それは例えば、たまたま出会った人が、自分と同じく学び好き（紫）だと思ったのに、実はゲームも好き（赤が混ざった紫）だったという感じです。そして、いつの間にか影響を受け、自分もゲームで遊ぶ時間が長くなっていきます。

ですから、Cさんの紫のプレートの上に積み上がったボールの山をよく見てみると、紫のボール一色だけでなく、赤紫や青紫、紺色、群青色など、微妙に色が違うボールが混ざっているのです。いつどんな中間色のボールが流れてくるかは様々ですから、人によって、才能の色の混ざり方は違ってくるはずです。そして、それが、その人の個性というか「味」になるのです。

このように、人の才能は、生まれたときにすでに出来上がっているのではありません。**持って生まれた才能のタネが、取り巻く環境の中で、色々な出来事を経験し、出会いや学びによって育てられることで、才能がつくられていく**のです。

生年月日がまったく同じ双子でも、発揮される才能が微妙に違うことがあるのは、こういう理由なのです。

ここで、もしCさんが、自分のどの場所に、どんな色のプレート（才能のタネ）があるのか、あらかじめ知っているとしたらどうでしょう。

目の前にたくさん流れてくるカラフルなボールの中から、自分の伸ばしたい才能のタネと同じ色のボールを、自分から積極的に選んでくっつけていくことができますよね。

もっと言えば、必要ならその川を飛び出して、自分の望む色のボールが多く流れている川に引っ越すことも可能になるということです。

いかがですか？　ご自分の才能の活かし方、見えてきたでしょう。

王者になるための3つのステップ

これからあなたに、人生の王者（主人公）になっていただきます。

そのためのステップは3つです。

1. 自分の才能のタネを自分で読み解く（第3章）
2. 自然界の法則で、才能を開花させる（第4章）
3. 自分にない才能を手に入れる（第5章）

まず、第3章で、ご自分の才能のタネ（キャラクター）の意味を、自分で読み解いていただきます。

もちろん、自分で読み解くよりも、占い師さんに見てもらう方が、もっと詳しくたくさんのことを教えてもらえます。

でも、本書の目的は、幅広い算命学の知識を使って、色々詳しく自分を調べて、当たっているかどうかを楽しむことではありません。自分の才能を知ってそれを活かすことで自分らしい人生をつくることです。

ですから、自分の持っているキャラの基本的な意味を知って自分の人生経験に照らしながら、自分で解釈してほしいのです。あなたの人生の出来事を隅々まで覚えているのは、占い師さんではなく、あなたなのです。

例えば、自分に「やってあげて好かれたい」というハートフルがあったとしたら、「そういえば、あの時、困っている人を放っておけなかったな」と気づくことがあると思います、あるいは、「あの時、優しくしたのは、結局嫌われたくなかったからだ」と思い出すことがあるかもしれません。

また、「あれ、このキャラはあまりピンとこないな、この才能のタネを活かしていないのかも」という気づきがあれば、それは素晴らしいことなのです。

次の第2ステップでは、自然界の法則にしたがって、自分の才能のタネを開花させていきます。

第1章で、運命は変えられるというお話をしました。でも、無理に変えようとしてはいけません。私たちも自然界の一部なのですから、自然界の法則にしたがって、持って生まれた才能を活かしていくことで、自然と運命が変わっていくのです。

才能は、環境によって育つのですが、才能が開花していないとしても環境のせいにしてはいけません。川に流れているボールを選んで、プレートにくっつけるのは自分ですし、その川を飛び出して環境を変えることができるのも自分なのですから。

つまり、自分にどんな色のプレートがついているかを知ったあなたは、今度は、自らの意思で選んで川底に寝るのです（笑）。そして、主体的に意識してボールをとっていくのです。

第4章では、自然界の法則についてご紹介しながら、どのように環境を選び、どのように環境へ向き合うのか、具体的にお話ししていきます。

そして、自分らしく才能を開花させたあなたは、3つ目のステップで、自分が持っていない才能を手に入れていきましょう。

人は、自分の持って生まれた才能を活かしている時こそ、イキイキと楽しく夢中になり、頑張らなくても最高のパフォーマンスを発揮することができます。

でも、そうして人生を軽やかに走っていくと、必ずどこかで、自分の才能だけでは対応しきれない問題に、突き当たることになります。

特に、あなたの描く夢が大きな夢であればあるほど、自分が持っていない様々な才能が必要になってきます。

つまり、あなたが必要とする才能を持っている人に協力してもらうことが不可欠なのです。

よく、自己啓発の本やセミナーでは、「自分の好きなことをやりなさい」「得意なことをやればいい」と言われます。自分の持って生まれた才能を活かせるようなことをやればいいというのです。

それは、正しいと思います。でも、それだけでは不十分です。

自分が好きではないことを好きな人、不得意なことを得意としている人をどのように引き寄せて、どのように協力してもらうかという方法まで示されなければ不親切だと思うのです。

そこで、第5章では、王者の占術を活用して、どのように他の人の才能を手に入れることができるのかについて解説していきます。

では、まずこれからあなたは、第3章で自分の才能のタネを読み解いていきます。

自分で自分の人生をつくる王者へと、最初のステップを踏み出すのです。

あっ、大丈夫です。川底は冷たくないですよ。

第3章

才能を
自分で読み解く

キャラクターの取扱説明書

では、これから、人が持って生まれる十種類の才能のタネ（トイロキャラ）を一つずつ詳しく解説していきます。

ただ、その前に、いくつかお話ししておきたいことがあります。

まず一つ目は、**自分が持っていないキャラの解説についても、しっかり目を通していただきたい**ということです。

すでに自分の宿命チャートを見たあなたは、自分が持っているキャラの解説のところだけを読もうとするかもしれません。

しかし、それは大変もったいないことなのです。

他のキャラの特徴を知ることで、自分のキャラの特徴が際立ち、より理解が深まるのです。そして、後ほど第４章では、自分にないキャラを使って自分の才能を活かす方法をお伝えします。さらに第５章で、自分が持っていないキャラを手に入れる方法もお教えします。ですから、自分にないキャラも気にかけてやって欲しいのです。

二つ目に、**最初のうちは、自分の宿命チャートの5つのキャラの場所の意味とか、キャラどうしの関係性などについては考えないでください。**

確かに、第2章でお伝えしたように、チャートには、場所の意味があります。また、キャラは単独というより、複数が組み合わされる形で才能へと育っていきます。

ただ、それらを最初から考えていくと混乱してしまいます。

まずは、自分の5つのキャラの解説を読んで、「自分は、これらのキャラの特徴を足し合わせて持っているのだ」というように、単純に考えてください。

三つ目。もしかしたら、あなたの宿命チャートには、図2のBさんのハーモニーのように、**同じキャラが2つ、あるいは3つ、4つというように、複数入っているかもしれません。その場合には、そのキャラの特徴が2倍増、3倍増、4倍増で現われていると考えていただいて結構です。**

キャラが複数あることによって、特別な意味を持つこともありますが、今は気にしないでください。自分で自分を知るというのが目的ですから、できるだけシンプルにいきましょう。

そしてもう一つ。

各キャラの説明にある「向いている職業の例」は、参考程度に軽く読んでください。

これらは、そのキャラがどんな才能になるのかをイメージしやすいように具体例を出したに過ぎません。「このキャラは、この職業でなければだめ」というように限定されるものではないのです。キャラの持つ才能や職業適性は、むしろ、想念の言葉やキーワードからイメージしていきましょう。

例えば、ハーモニー、ハートフル、リアリティの向いている職業として、いずれも政治家が挙げられています。名称は同じ「政治家」ですが、仕事のスタイルが違うのです。ハーモニーは、和を重視しながらも根回しや交渉で主張を通していく政治家になるでしょう。ハートフルは、おおらかな父親的で親分肌の政治家、リアリティは、庶民的で堅実な政治家の才能になります。

そして、文字通りの政治家というより、例えばハーモニーなら、根回しのうまい政治家のようなスタイルで仕事をする職業が向いていると考えてください。

また例えば、私が20年間携わってきた「研究」という仕事は、ユニークとセオリーに出てきます。ユニークは、未知の領域に挑戦したり、理屈を応用して実用化したりする研究が得意ですし、セオリーは基礎理論を探求し、科学論文にまとめていくような研究が得意です。違いがありますね。

そして、ユニークやセオリー以外のキャラが、研究職に向いていないかというとそうでもないのです。ストレートは、数多くの実験を淡々とこなしていく研究者の才能になります。イノセントは、現象を冷静に観察し、実験に失敗しても楽天的に新たな発見につなげる研究者の才能になるでしょう。ハーモニーは、異分野のメンバーをまとめて、グループで研究を進めることで素晴らしい成果を出す研究者になるかもしれません。他のキャラについても同様です。

要するに、**どんなスタイル、取り組み方で仕事をするのかというところが、才能と適職を見極めるポイントになる**のです。

よろしいでしょうか？

それでは、これから、各キャラの解説をお読みください。

各キャラの**性質**（**木性、火性、土性、金性、水性**）や**本能**については、第4章で解説します。

ちなみに、キャラには陽と陰があります。**陽のキャラは男性的**（**派手、直接的、動的**）、**陰のキャラは女性的**（**地味、間接的、静的**）になります。

ストレート（貫索星）：自分で淡々と目標に向かう

［性質］木性（陽）　［本能］陽の守備本能

想念の言葉

まっすぐやり続けたい　自分で進みたい　守りたい

キーワード

自我　頑固　マイペース　直進　実践　継続　狭く深く　じっくり　努力　我慢　保守
安全　自立　個人　起業　事業　生産　スタート

向いている職業の例

基本的に何かを守る仕事　命や財産を守る仕事（臨床医、警備保障など）　伝統を守る仕事（古物商・博物館・美術館など）　安全関係（点検保守、整備など）　規格通りの取引の仕事　手抜きができない仕事　保管倉庫業　保険業（ただし営業は除く）　単独でできる仕事（自営業・自由業・個人事業主）　相手の方から来店してもらう仕事　スタートする仕事（起業家、プロデューサー）　サラリーマンなら変化の少ない職場や専門職、ルート営業などストレートは、算命学では貫索星《かんさく》と呼ばれています。陽の木性で、大樹が真っ直ぐ天に向かって生長するように、目標に向かって淡々と進み続けます。

何かを守りたいという守備本能を持っています。「まっすぐやり続けたい」という想念の言葉は、一つの方向に進む状態を守りたいという意味です。

振り回されるのは苦手で、自分の決めた方向とペースを守りたいので、個人または同種のメンバーで前進します。

達成することや、成果そのものよりも、達成に向けての努力を続けようとする意識を持っているようです。成果を意識するのは、後に出てくるスピードやプライドのキャラの方が強いです。

仕事の現場では、自分で考えた事、組織の方針を途中で諦めることなく、最後まで貫き通す力になります。

また、相手に自分の要求を示して説得する交渉力にもなるでしょう。

逆に、目標を見失ったり、進み方がわからなくなったりすると、力を発揮できません。

［ワンポイントアドバイス］　**知恵、知性が備わると、さらに輝く。**

ハーモニー（石門星）：相手に合わせて調和を保つ

［性質］木性（陰）　［本能］陰の守備本能

想念の言葉

仲良くしたい　広がりたい　したたかに残りたい

キーワード

和合　平和　協調　政治力　横展開　社交的　広く浅く　平等・友達意識　表面上は柔らか中身は頑固　話を聞く　交渉　清濁あわせのむ　統率・経営

向いている職業の例

人と人を結びつけるなど、和合性や社交性が活かされる仕事　グループ活動や組織作りの仕事　パーティー業　イベント業　人をまとめる仕事（仲介者、商社、コミュニティ運営など）　宗教（大衆の心を和合させる）　営業（集客、交渉、調整力に優れる）　交渉力が必要になる仕事　政治家　外交官　異国・異質の人を和合させる仕事　経営者　組織やプロジェクトのリーダー　組合活動ハーモニーは、算命学では石門星《せきもん》と呼ばれています。

陰の木性で、草花のように横に広がろうとします。同種のものが真っ直ぐ同じ方向に進展するのではなく、異種のものが混ざり合い、共生しながら横方向に展開します。

陰の守備本能は、「仲良くしたい」という想念の言葉にあるように、集団の和を守ろうとします。異質な人や物の間で、和合性、社交性を発揮して、うまくやっていこうとします。

また、上下関係より、横の関係を大切にします。初めて会った人とでも、いつの間にかタメグチになって仲良くなっていくのもこの才能です。

ストレートが内外ともに頑固なのに対して、ハーモニーは外には柔軟で、内面に頑固さを秘めています。

相手の話を聞きながら、自分の要求を実現させる政治力（妥協や取引き、根回しなど）を発揮することもあります。このキャラを最大限に活かして、経営者やリーダーになる方も多いようです。

内に秘めて守り通すもの（信念、理念、自分軸）を持たないと、このキャラの良さが出てきません。

［ワンポイントアドバイス］一人でやらずに、みんなとやる。

イノセント（鳳閣星）：無邪気に楽しみ広く伝える

［性質］火性（陽）　［本能］陽の伝達本能

想念の言葉

無邪気に楽しみたい　のんびり健やかでいたい　公正に伝えたい

キーワード

楽天的　遊び心　余裕　子供　夢　自然　あるがまま　食　味覚　おしゃべり　口頭表現力　芸能・楽しませ力　健康　長寿　バランス　正確・客観性

向いている職業の例

遊び、観光に関する仕事（旅行会社　観光業　サービス業）　人を楽しませる仕事（芸能人、エンターテイメント）　食べ物に関する仕事（食品関係　レストランなど）　健康に関する仕事（スポーツセンター　アロマ　ヒーリングサロンなど）　報道・マスコミ関係（記者、レポーター、評論家など）　宣伝広告業　販売営業　通信・電信関係の仕事　校正など間違いを正す仕事　正確・客観性が求められる仕事（会計士、税理士など）

イノセントは、算命学では鳳閣星《ほうかく》と呼ばれています。

陽の火の性質を示し、上から広く熱と光を伝える太陽のようなキャラです。

陽の伝達本能を持ち、暖かくて明るいエネルギーが自然と無理なく伝わっていきます。

イノセントの名前の通り、無邪気に楽しもうとし、人を楽しませようとするので、それがそのまま才能となります。

このキャラが十分に活かされている人が部屋に入ってくると、雰囲気が明るくなります。サービス精神があり、相手をリラックスさせたり、気持ちよくさせたりすることも得意です。

どんな物事も、相手にわかるように話して伝えることができます。

主に口頭（おしゃべり、言葉）で直接相手に伝えます。販売業なら、庶民的に明るく売るスタイルです。

優れた観察力を持っています。冷静、客観的、公正に観察します。そして、伝えるときには、見たものを見たまま、正確に伝えようとします。嘘や誇張、脚色はしないようです。

報道、マスコミ、あるいは会計士などに向いているのはそのためです。


［ワンポイントアドバイス］ゆったり余裕を持って生きる、動いて楽しむとよい。

フォーカス（調舒星）：独特な感性で絞って伝える

［性質］火性（陰）　［本能］陰の伝達本能

想念の言葉

いいものを生み出したい　こだわりたい　伝わるところに伝えたい

キーワード

芸術的感性　ロマン　美　繊細　完璧性　文筆　絵画　音楽　間接的伝達　センス　技術　心理　集中力　孤独　反骨精神　秘めた情熱　個別援助

向いている職業の例

作品等を通じて感性を伝える仕事（アーティスト、作家、編集者、音楽家、写真家、漫画家、詩人など）　芸能（俳優、歌手、タレントなど）　自分の思いを伝える仕事（講演家など）　完璧さや繊細さが求められる仕事（美容師、技術者、職人、システムエンジニアなど）　心理学者など心の問題に関する仕事　目の前の人に集中する仕事（セラピスト、カウンセラー、コーチ、看護・介護職、易者など）　物事を美化・演出して伝える仕事（CM関係など）

フォーカスは、算命学では調舒星《ちょうじょ》と呼ばれています。

陰の火性で、暗い中に燃えあがる炎がシンボルになっています。

陽気なイノセントとは逆に、陰の内向きの伝達本能となり、広く公平にではなく、近くに対して集中的に伝えます。

また、伝えるときには、見たものを見たままではなく、自分の内にあるものを加え、編集、演出、美化して伝えます。間接的伝達と言います。

口頭で直接伝えるというより、様々な手法を使って具体的な形にして表現し、間接的に伝えます。その意味で、「伝える」は「生み出す」になります。

表現力やセンスにあふれ、神経の繊細さが特徴です。細部にこだわったり、完成度にこだわったりします。

自分との向き合いにより、独自の感性を磨いていきますので、孤独や心理がキーワードになります。選り好みや好き嫌いが出てきます。自分への厳しさや、反発・反抗心も出てくることがあります。

情熱を持って伝えるのですが、意外とさっぱりとしていて、相手を育てるというよりは、伝えるだけになることもあります。


［ワンポイントアドバイス］反発、反抗や、不足を向上心につなげる。

ハートフル（禄存星）：愛情と奉仕で引きつける

［性質］土性（陽）　［本能］陽の引力本能

想念の言葉

好かれたい　感謝されたい　中心でいたい

キーワード

愛情奉仕　中心　魅力　信頼　包容力　癒し　おおらか　出入りが大きい　回転財　投資・運用　父親　気前良い　おおざっぱ

向いている職業の例

製造販売よりも対人サービス業　公益法人やNPOなどボランティア要素が強い仕事
医療関係の仕事（医師、看護師、薬剤師など）　弱い人を相手にする仕事（福利厚生関係、福祉関係、カウンセラー、占い師など）　財産を運用する仕事（投資家、不動産業、証券会社、ブローカーなど）　人の面倒を見るマネージャー的仕事　宗教家　人気や票を集めて行う仕事（タレント、政治家など）

ハートフルは、算命学で禄存星《ろくぞんせい》と呼ばれています。陽の土の性質を示し、大きな山がどっしりと構え、様々なものを受けいれるような引力本能を持っています。

人を惹きつけたい、好かれたいという想念を持ち、そのために愛情を与えようとします。豊かな愛情とおおらかな包容力のキャラといえます。

身内か他人かに関係なく、相手のために様々に奉仕しようとします。そのため、多くの仲間や友人に恵まれやすく、中心にいることが多くなります。何かの目的のために人を巻き込んだり、まとめたりする才能になっていきます。

また、人だけでなくお金も引きつけようとします。そのために投資をしようとします。回転財とは、お金（財）が出たり入ったりして回転するという意味です。出入りは大きいので、お金はあまりたまらないことがあります。

選り好みせず、なんでも受け入れる器《うつわ》の大きさと対応力がありますが、その一方で、細かいことは気にせず、おおざっぱになる傾向もあります。

［ワンポイントアドバイス］**自分勝手な押しつけの愛情にならないように気をつける。**

リアリティ（司禄星）：現実的に生活を充実させる

［性質］土性（陰）　［本能］陰の引力本能

想念の言葉

現実を大切にしたい　色々積み重ねたい　家庭的でありたい

キーワード

蓄積　収集　準備計画　日常生活　庶民的魅力　慎重　堅実　家庭的　良妻　質素倹約
総務・経理・人事、信用　お金　現実

向いている職業の例

色々器用にこなせるので、堅実さを活かせば基本的にどんな職業にも向く　経営者なら多角経営も可能　サラリーマンならさまざまな業務がある総務・人事など　信用が価値になる仕事（金融　銀行　証券　保険　郵便局など）　情報収集的な仕事　データ処理的な仕事　コレクション的な仕事（古美術商、収集マニア）　生活密着の衣食住の商品をつくる職人　日常生活品の商店（八百屋、魚屋、衣服販売、コンビニなど）　政治家　行政官リアリティは、算命学では司禄星《しろく》と呼ばれています。

陰の土、すなわち、広がる大地のような性質を持ちます。

大地は生活できる場所であり自然と人が集まってきます。つまり、人を引き寄せる引力本能です。

そして大地は、人が田畑を耕し、計画的に作物を収穫する生活の基盤となります。堅実で現実的なキャラとなります。

日常生活そのものや家族を大切にし、質素倹約の良妻のイメージです。

同じ引力本能のハートフルのような出入りの大きさはなく、地味にさまざまなもの（人、もの、金、情報など）を引き寄せ、蓄積しようとします。庶民的な魅力を持ち、温かみや落ち着きを感じさせます。コツコツと時間をかけて蓄積していきますので、成果が出るまでに時間がかかるようです。

いろいろなことに対応できる器用さがある一方で、専門を持ちにくく、方向性に迷いが出ることもあります。夢を描くのも苦手かもしれません。

焦らずコツコツいけば良さが出ます。


［ワンポイントアドバイス］今、ここ、自分を大切にする。

スピード（車騎星）：素早く行動して決着をつける

［性質］金性（陽）　［本能］陽の攻撃本能

想念の言葉

素早く動いて変えたい　結果を出したい　勝ちたい

キーワード

決断　行動力　解決　結果　説得　義理　正直　スピード　白黒はっきり　単独行動　競争　スポーツ　混乱をなんとかする　変革破壊　組織拡大

向いている職業の例

常に動きのある仕事　攻撃性を必要とする仕事　デスクワーク的な仕事は不向き　肉体でぶつかっていくような仕事　足で稼ぐような仕事　スポーツ選手（レスラー、ボクサーなど）　スポーツライター　インストラクター　整体・マッサージ　肉体労働　ブルーカラーの職種　自衛隊　警察官　消防士　ガードマン　漁業　ハンター　添乗員　営業系サラリーマン　問題解決コンサルタント　薄利多売の庶民向け営業スピードは、算命学では車騎星《しゃき》と呼ばれています。陽の金性で、刀や岩石などが相手を切断したり破壊したりするような攻撃本能を持つキャラです。混乱状況の中、素早く動いて状況を変えたい、結果を出したいという想念を発揮します。

攻撃性は、説得力、営業力、問題解決力、決断力などに繋がります。後に出る同じ金性のプライドと同じく、義理や正義、合理性を大切にします。納得すればすぐに動きます。

ただし、スピード感を重視するので、組織やグループで動くのではなく、個人でさっさと動こうとします。現場主義です。

短気で正直、わかりやすいキャラです。曖昧さを苦手とし、曲がったことも嫌いです。白黒はっきりさせようとします。

鉄鉱石は、炎で熱されて軟らかくされ、たたかれて鍛えられることにより、はじめて役に立つ刀や鉄砲などになります。同様に、このキャラは、逆境や混乱、問題山積みの中で良さがでます。

［ワンポイントアドバイス］走っては休み、走っては休みの生き方をすると良い。

プライド（牽牛星）：自尊心をもって実績をつくる

【性質】金性（陰）　【本能】陰の攻撃本能

想念の言葉

さすがと言われたい　カッコよくやりたい　集団で結果を出したい

キーワード

自尊心　管理　組織　大義　責任　仕組み　ルール・法律　法則　集団攻撃　戦略　品行方正　まじめ　名誉　実績　知的・冷静な行動　資格

向いている職業の例

免許や資格を必要とする仕事（医師、弁護士、公認会計士など各種士業）　大企業のサラリーマンや管理職　ホワイトカラーの職種　肩書を持てるような仕事　官僚・役人　公務員　教育者　リーダーの補佐役　秘書　執事　ディレクター　経営コンサルタント　高みを目指す仕事　マナー・品格・プライドを保つ仕事（ホテルマンなど）　商売人は不向きだが、やるなら富裕層向け商売や殿様商売がよいプライドは、算命学では牽牛《けんぎゅう》星と呼ばれています。

陰の金性で、光り輝く宝石や柔らかい金属のような性質で、鋼鉄ほど硬くはなく、傷つきやすい面を持っています。

スピードと同じ攻撃本能（問題解決、課題達成本能）を持ちますが、内に秘めて表には出さない女性的、理性的な攻撃性になります。

実績を出して、さすがと言われたいという想念を持ち、プライドが高く、名誉やかっこよさを気にします。負けず嫌いな面があります。

ミスしないようにチェックする慎重な仕事ぶりが才能になります。

スピードとは対照的に、集団で攻撃するキャラなので、現状を分析しようとし、仕組みや戦略を考えて動きます。参謀や補佐役にも向いています。

なお、集団で動くためには、ルールや規則を守る必要があるので、基本的にまじめで自制心を持ち、個人よりも組織の利益を優先する傾向にあります。

なお、営業をするなら、高価格商品をもったいぶって売る方が得意です。

［ワンポイントアドバイス］**自尊心を高めるムードによって伸びる。**

ユニーク（龍高星）：動きながらユニークに考える

［性質］水性（陽）　［本能］陽の習得本能

想念の言葉

ユニークでありたい　体験的に学びたい　応用して教えたい

キーワード

新規　冒険　未知　開拓　我慢強い探求心　立体思考　体験学習　育成
独自性　理系的　推理力　発想力　デザイン　ユーモア　移動・放浪　海外

向いている職業の例

探求する仕事（研究者、考古学者、歴史学者など）　クリエイティブな仕事（クリエイター、デザイナー、建築家など）　新しいものや概念をつくりだす仕事（企画開発、プロデューサー、発明家など）　ユーモアやユニークなアイデアで勝負する仕事（タレント）　人間や動物を育てる仕事（研修講師など）　移動する仕事（輸送・流通関連）　理学・数学的要素の仕事　専門技術を必要とする仕事　コンピューター分野　外科医　解体業　探検家
フィクション・推理作家

ユニークは、算命学では龍高星《りゅうこう》と呼ばれています。知恵を求めて、龍が天空に高く登っていくかのようです。

陽の水性で、海のように大量の水が流れているような動的（ダイナミック）な習得本能です。

自分から未知な領域に冒険、挑戦し、体験的に学びます。一つのところにとどまらず、放浪するように動きながら新たな世界を開拓していきます。

逆に、現状を維持しようとして動きを止めてしまうと、澱んだ水が腐っていくように才能が劣化していきます。

そして、常識にとらわれず、いろいろな角度から立体的に考え、新しい発想でユニークなものを創り出そうとしていきます。

このキャラが最大限に活かされると、他人にインスピレーションを与えるようなデザインを生み出す才能にもなっていきます。

また、学んだことをそのまま教えるセオリーに対して、ユニークは、応用、改良して教え、育成することに長けていきます。

［ワンポイントアドバイス］常識にとらわれない自由な生き方をする。

セオリー（玉堂星）：静かに理論的に学び、教える

［性質］水性（陰）　［本能］陰の習得本能

想念の言葉

学びたい　教えたい　ちゃんと育てたい

キーワード

学習　読書　知識欲　順応吸収力　理屈　常識　原理原則　情報調査　分析研究　教育
保育　母性愛　伝統・格式　祖先（霊）　上品

向いている職業の例

教える仕事（教育関係、学校、保育園、講師など）　純粋な学問の世界（大学教授、学者など）　他人に発想の転換をもたらす仕事（コンサルタント、アドバイザー、コーチなど）
伝統を受け継ぐ仕事（書道、生花、舞踏、茶道などの師匠）　哲学者　宗教家・僧侶　作家（フィクション、純文学、歴史小説、日本画など）　企画制作・計画に関する仕事　情報の調査・分析・研究・提供の仕事　評論家　解説者　司書

セオリーは、算命学では玉堂星《ぎょくどう》と呼ばれています。玉堂とは、古代中国で、宮殿に仕える学者たちがいる場所のようです。

陰の水性で、雨や露などの少量の水が染み込んでいくような習得本能です。

動きのある体験学習的なユニークとは異なり、どちらかというと、頭の中で思考をめぐらせる静かで高貴な学びになります。

目上の人や書物から学び、短期間で自分のものにしていく才能を発揮します。

古風なものを好み、伝統・正統・格式を重んじる傾向にあります。

一時的な流行やブームを追いかけることはなく、常識の範囲から出ることもしないようです。

考えることが得意で、分析力、批評力、論理的説得力が高いので、周りに与える影響が大きくなります。品格を保ち、先生と呼ばれる職業に向いています。

一方で、目下や生徒、身内に対しては、見返りを期待せずに育て、世話を焼く母性愛を持っています。


[ワンポイントアドバイス]　伝統のある落ち着いた環境に身を置くと良い。

これだけで、もう運命は変わり始める

ここまで読んできたあなたに、お知らせがあります。

あなたの運命は、もう変わり始めています。

自分が持って生まれた5つの才能のタネの特徴を知っただけの段階ですが、すでに運命は変わり始めているのです。

その理由についてお話ししておきましょう。

あなたはすでに、自分がどんなキャラを持って生まれたのかを知りました。

初めは驚きや多少の違和感を感じたかもしれませんが、キャラの解説に共感、納得することも多かったのではないでしょうか。

つまり、これまでなんとなく曖昧になっていた自分の特性が、キャラという形で具体的

に示されたわけです。

すなわち、**あなたはもう、本来の自分はどんな人なのか、自分で意識できるようになっている**ということなのです。

例えば、自分の過去の出来事に対して、

「そうか、自分には◯◯◯というキャラがあるから、あの時あんなことをやってしまったのか」とか、

「だから、あの時、夢中になったのか」

と解釈できるのです。

あるいは、これから先も、

「確かに自分は、これをしているときにイキイキしているな」とか、

「やっぱり、これをすることがストレスなんだ」

と自覚することができます。


そうしていくうちに、あなたは次第に、**自分らしさとは何か**に気づいていきます。

できないこと、不得意なことも全部含めて、「これでいいのだ」と、**ありのままの自分を認められるようになる**のです。

また、他人の言動に対しても、

「自分が自分のキャラに従っているのと同じように、この人はこの人のキャラに従っているんだ」

と認められるようになり、**人間関係のイライラが減っていく**のです。

これは、心理学の世界で、**自己受容**と呼ばれています。**「私は私でＯＫ」**、**「あなたもあなたでＯＫ」**という状態です。

人は、自己受容が進むと、無理をしなくなり、心に落ち着きができます。そして、周囲の人や世界に対する見方が変わります。すると、自然にコミュニケーションが変わり、新たな人との出会いも変わっていきます。

つまり、**自分がどんなキャラを持っているかを理解して、意識することで、運命が変わる**のです。

ですから、どうぞ今日からの人生、ご自分のキャラたちに親しみと敬意を持ってつきあっていってくださいね。

さて、この、キャラを知ったことによる運命の変化は、割と自然に起こります。ただし、ゆっくりです。

一方、自然界の法則をうまく活用しながら積極的に行動することで、この運命の変化をさらに加速することができます。

次の第4章で、あなたはその方法について学ぶことになります。

その前に、本章で学んだことをまとめる意味で、次のページの課題に取り組んでみてください。

自分らしく輝く人生を自分でつくる、はじめの一歩です。

自分らしく輝く人生の主人公になるための課題 その1

あなたの宿命の5つのキャラについて、本章の解説文を読み、「そう言われると、確かに自分に当てはまるな」と思えることを探してください。

① それぞれのキャラについて、当てはまる過去の自分の出来事（エピソード）を、できるだけたくさん書き出しましょう。

（例）
ストレート：そういえば、一人でマイペースに仕事をするのが好きだ
ハーモニー：家に友達を呼ぶのが好きで、家内から不満が出ることが多い
イノセント：確かに美味しいものが好きで、人からはグルメと呼ばれる
フォーカス：作品を作っているときは、時間が経つのを忘れるほどだ
ハートフル：頼まれると嫌といえなくて、後悔することがある

リアリティ‼　確かに、「夢は何ですか」と聞かれるのが苦手だな

スピード‼　昔からスポーツが好きで、人から「さっぱりしてる」と言われる

プライド‼　そういえば、資格をいくつも持っている

ユニーク‼　人から「変わってるね」と言われると嬉しい

セオリー‼　家には本がたくさんある

②当てはまるエピソードを最も多く書き出せたキャラは何でしょうか？

③当てはまるエピソードが最も少なかったキャラは何でしょうか？

第4章

才能を開花させる
自然界の法則

どの才能のタネに水をやる？

さあ、自分の持って生まれた才能のタネ（キャラ）を知ったあなたは、これから、そのキャラたちを育てて、より大きく開花させていくことになります。

ここでは、あなたの5つのキャラを同時に育てようとするのではなく、まず一つ、キャラを選んでいただきます。順番にやっていきましょう。

どのキャラを育てるのか、実際の私のコンサルティングでは、クライアントの現状や、抱えている課題に合わせて決めていきます。しかし、その決め方は、やや複雑ですので、ここではあなたご自身に選んでいただくことにします。

大丈夫です。宿命の5つのキャラは、互いに影響しあっていますので、一つのキャラを育てていくと、次第に他のキャラも成長していきます。

そして、最初に決めた一つのキャラの育て方を身につけたら、次のキャラを選んで、同じように育てていけばいいのです。

どれから行きましょうか？　どれでもいいですよ。

選び方の一つとして、第3章の演習の3で答えた、自分に当てはまることが最も少なかったキャラ、すなわち、まだあまり活かされていないキャラを育てるというのも良いでしょう。せっかく持って生まれてきたのに、まだ眠っている才能です。それを活かすことで、人生が大きく変わっていく可能性があります。

もちろん、すでに活かされているキャラを選んでも構いません。自分の得意なこと、好きなことをする才能をさらに伸ばしたいというのもいいですね。

あるいは、チャートの場所の意味を考えるのもいいでしょう。

65ページの図4を見ると、中央は自分の生き方、東は仕事や交友関係、西は身内や家庭となっていますね。例えば、もっと自分の生き方に自信を持ちたいと思うようでしたら、中央のキャラを育てます。また、もっと仕事で成果を上げたい、認められたいなどという場合は、東のキャラを育てると良いでしょう。そして、身内といる時など、プライベートの場面でもっとイキイキしたいなら、西のキャラを育てるようにするのです。

もし迷っているなら、**おすすめは、東のキャラ**です。

算命学では、**「行き詰まった時には東の星を燃やせ」**と言われています。局面を打開するときなどには、東のキャラが役に立つのです。

ワクワクしながらお金を稼ぎたいなら、ここのキャラを活かせ

東のキャラは、仕事や交友関係に発揮する才能になり、その人にとって「できること」、「得意なこと」を表しています。このキャラを活かすことにより、お金が稼ぎやすいとされています。つまり、東は、稼ぐキャラです。

今より収入を上げたいと思えば、東のキャラを育てればいいのです！

ただし、一つ問題があります。**東のキャラの才能を発揮しているときに、必ずしもワクワクするとは限らない**ということです。

「この仕事、人より上手にできるから、確かに稼げるけれど、別に好きな仕事じゃない」ということがありうるのです。

これに対して、**南の場所にあるキャラは、それを活かすと心が弾み、ワクワクする**と言

われています。

65ページ図4にあるように、南の場所は、未来への思いや夢を意味しています。

つまり、南のキャラは、その人が「やりたいこと」や、「好きなこと」を表しているのです。

ついでに言うと、北の場所は過去からの思いや志を意味するので、北にあるキャラを活かしていると、そうすることが当然であるかのように、心が落ち着きます。

さて、南北のキャラは、夢や志など、精神的なものを意味する場所にあるキャラです。これらが活かされると、精神面では変化が現れますが、現実は変わりにくいという特徴があります。つまり、稼ぐことは難しいのです。

そうすると、東のキャラは稼げるけれど、ワクワクするとは限らない、南のキャラはワクワクするけれど、稼げるとは限らないということになります。（自然界は面白いと思いませんか？）

そして、仮にもし、ワクワクしながら稼げる仕事が見つかったとしても、それが自分の本来の生き方に反しているものだとしたら、長続きすることはありません。次第に苦しくなってくるのです。

では、どうすればいいのでしょうか？

Aさん（1945年8月22日生まれ）

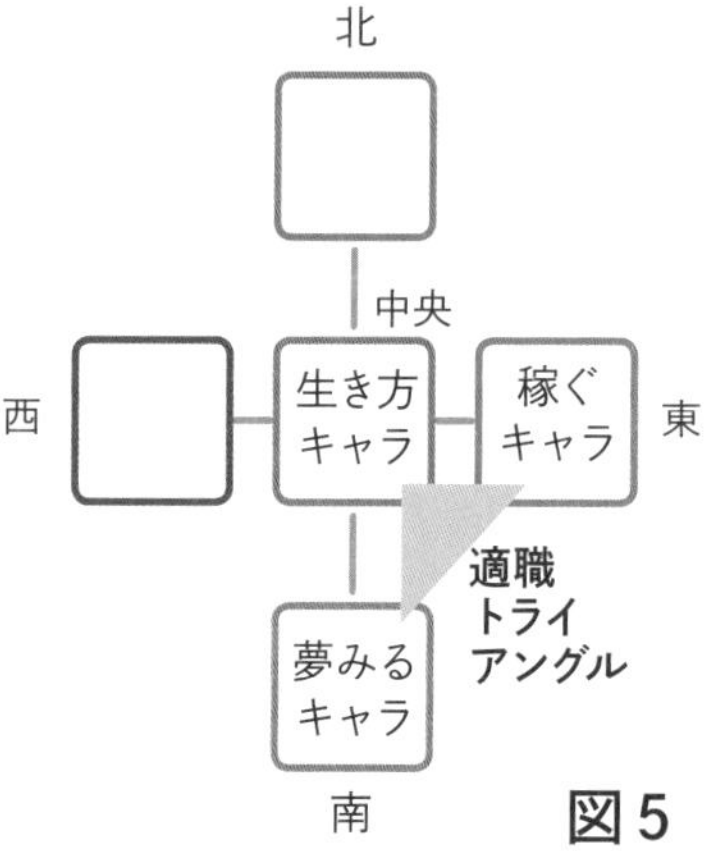

図5

そうです。**東と南と中央の3つのキャラの特性を掛け合わせたような『仕事のスタイル』をつくりだせばいい**のです（図5）。

これこそが、自分の生き方に沿って、ワクワクしながらお金を稼ぐことができるような真の適職になるのです。

私はこれを、**適職トライアングル**と呼んでいます。

うまくいっている人は、適職トライアングルがどのように活かされているのか、事例をみてみましょう。

図1のAさんの適職トライアングルは、ユニーク×フォーカス×セオリーですね。

ベースとなるのは、稼ぐキャラのユニークを活かす仕事です。ユニークの「向いている職業の例」にあるような、探求したり、新しいものをつくりだしたり、ユニークさで勝負したりするような仕事です。

そこに、ワクワクキャラであるフォーカスの、わかる人にはわかるという芸術的感性や、伝達表現の要素が加わります。

さらにそこに、生き方キャラであるセオリーの、学び、教えるという要素が入っていると、最も適する仕事になります。仕事中に、「これはねえ」とニヤリと笑ってうんちくを傾けるような、知識や知恵を活かすスタイルになるでしょう。孤独な感性のフォーカスと知識欲のセオリーが組み合わさって、鉄道ファンのようなマニアックな知識になる傾向もあります。

例えば、全国各地に出かけていき、歴史や地形について専門家の解説を聞きながら、その土地の謎を解き、魅力を伝えるテレビ番組のタレントの仕事はAさんの適職ですね。地層の断面をじっと見ながらニヤリとしている姿が目に浮かぶようです。

いかがでしょう。適職トライアングルの考え方、お分かりになりましたか？

ただし、あなたがこれからキャラを育てていくのは、一つずつです。適職トライアングルを使いたいなら、まず、東の場所の稼ぐキャラから育てていきましょう。

キャラクターに合った環境に身を置きなさい

さあ、どのキャラから育てていくか、もう決まりましたね。
王者の占術では、３つの方法で才能を活かしていきます。
第一の方法は、この原則に従います。

「アラスカではバナナは育たない」

やっぱりバナナは暖かい場所で育てるほうが良いですよね。
才能のタネを育てる時も、そのタネにあった環境を選ぶ方が良いのです。

第1章で、学ぶ才能をもった子供が、本を読めない環境にいたらどうなるかという例え話が出てきましたね。

すでに第3章の解説でお気づきのように、キャラにはそれぞれ、**木性、火性、土性、金性、水性**というような5つの**性質**があります。

そして、その性質に応じて、それぞれ**守備、伝達、引力、攻撃、習得**といった5つの**本能**（「○○したい」）が備わっています。

すなわち、育てたいキャラが決まったら、基本的には、そのキャラの性質や本能にあった環境を選べば良いということになります。次ページの表2に、キャラごとに、どのような環境があっているのか、まとめておきました。

例えば、ストレートは、大樹が真っ直ぐ生長し続けるような陽の木性です。何かを守りたいという守備本能を持っています。一つの方向に進む状態を守りたいキャラです。

そうすると、ストレートにとっては、自分のやり方や思いなど、方向性が守られる環境が好ましいことになります。誰かに振り回されたり、状況が刻々と変わったりするような環境では、才能を発揮しにくいのです。放っておかれるような、自分で頑固に進まなければならない状況だと育ちやすいということになります。

一方、ハーモニーは、草花のように共生しながら横に広がろうとする陰の木性です。集団の和を守ろうとする守備本能を持っていますので、コミュニケーションが活発な環境が好ましいのです。様々な人が出入りし、和合、協調が必要とされる状況だと育ちやすいと

表2　キャラはどんな環境でよく育つか

木性 （守備本能）	火性 （伝達本能）	土性 （引力本能）	金性 （攻撃本能）	水性 （習得本能）
ストレート	イノセント	ハートフル	スピード	ユニーク

自分のやり方が守られる環境 振り回されたりしない 薄情で放っておかれる環境 時に、我慢を強いられる環境	**無邪気な自分でいられる環境** のんびり、楽天的な雰囲気 楽しもう、楽しませようとする 健康、食、遊びの意識が高い環境	**大きな愛情が育まれる環境** 大家族や多くの人と関わる環境 経済的、精神的に余裕がある環境 奉仕、信頼が求められる環境	**攻撃性が活かされる環境** 競争相手や強い指導者がいる スポーツなど勝ち負けがある環境 問題や課題が多い環境	**不思議さ、面白さがある環境** 移動、変化が起こりやすく、臨機 応変や工夫が求められる環境 好奇心に従って自由に動ける環境
ハーモニー	フォーカス	リアリティ	プライド	セオリー

集団の和が守られる環境 コミュニケーションが活発 様々な種類の人の出入りが多い 社交的、商売的な雰囲気	**孤独な感性が磨かれる環境** 芸術性の高いものに囲まれる 評価（批判・批評）される環境 一人で集中できる環境	**庶民的な魅力が育つ環境** 平均的な家庭環境 派手さがなく質素堅実な人が多く ものや人を大切にする雰囲気	**礼儀作法が厳しい環境** ルールがきちんとしている 役割があり、実績が評価される 上質で品のあるものが多い環境	**伝統や正統、理論がある環境** 受け継がれているものがある 情報、知識が豊富で静かな環境 理由を説明してくれる人がいる

言えます。

他のキャラも同様に、第3章のそれぞれのキャラの解説を読みながら、どうしてその環境が良いのか考えてみてください。自分のキャラに親しみが湧いてくると思います。

環境を選ぶとか、変えるというと、就職・転職・独立起業や、結婚・離婚などが思い浮かぶかもしれません。もちろん、これらは、環境を大きく変えますが、そこまでしなくても、できる範囲で環境を変えることはできるはずです。

次の3つのポイントで環境を変えてみてください。

1．場所や空間を変える

例えば、フォーカスを育てたいなら、できるだけひとりになれる場所を見つけて、移動してみてください。スピードなら、運動系の部活に入るのも一つの方法です。

2．費やす時間を変える

例えばセオリーなら、長めの休暇をとって、読みたかった本をまとめて読む時間をとるのはいかがでしょうか。ハーモニーなら、イベントを企画運営するなどして、多くの人と交わる時間を増やすと良いですね。

3．つきあう人を変える

例えばユニークなら、思いついた奇抜なアイデアを、「それいいね」と肯定してくれる人や、常に新しいことに挑戦している人と行動を共にすると良いと思います、逆に、あなたを否定したり、束縛したりする人とは距離をおいた方が良いでしょう。

育てたいキャラにあった環境を選ぶということは、自分の才能のタネに適した出来事が起こりやすくなるということです。自分のプレートと同じ色のボールが、たくさん流れてくる川に寝るわけです（笑）。

プレートは、ごく自然にボールをくっつけていき、才能の柱が積み上がっていきます。やがて本来の自分らしさが全開になり、無理なく自然に運命が変わっていくのです。

もしかしたら、あなたはこう思うかもしれません。

「でも、そう簡単に環境を変えられないよ」

実際、そういう声をいただくことも多いです。人には、それぞれ様々な事情がありま す。環境を変えられない理由も山のようにあります。

もし、そうだとしたら、考えていただきたいことがあります。

運命の化学反応を、自分で起こす

数年前、とある大企業にお勤めの、二十代後半の女性から、相談をいただきました。暗く沈んだ声で話が始まりました。

「私、今の仕事、向いてないと思うんです」

彼女の配属先は、経理部でした。毎日、数字とにらめっこする仕事だそうです。ちゃんとできて当然、ミスは許されないという雰囲気の中、彼女は息苦しさを感じていました。

調べてみると、彼女の東のキャラ、すなわち仕事に対する才能のタネは、ユニークでした。新規、冒険、開拓、体験学習などがキーワードとなるキャラです。彼女の話を聞いた限りでは、その職場で才能を発揮するのは難しそうです。

「やっぱりそうですよね。本当は企画の仕事がしたいんです。でも、上司は取り合ってくれないし、転職するのは両親に反対されてるんです」

そこで私は尋ねました。

「今の職場の中で、何か変えたほうがいいことってないですか？　あるいは、新しいことに挑戦できることって、本当にないですか？」

すると彼女は、しばらく考えて、気づきました。

「そうだ、うちの出張経費精算システムが使いにくいって評判が悪いんです。それで、この前システム部から、新しいシステムをつくりたいので、経理から一人手伝って欲しいって言われたんです。でも、うちの部の人、誰も手を挙げる人がいなくて、その話、止まったままなんです。それ、私、やってみようかな」

「そうそう、あなたなら、きっとできますよ」

「はい！」


それから半年後、彼女から喜びのメールが来ました。どうやら、新規システム開発プロジェクトで大活躍できたようです。トラブルが続いて大変だったようですが、彼女が出したアイデアがうまくいって、乗り越えられたとのことです。

そして、才能を発揮してイキイキ働いている様子を見た他部署の人が、彼女を推薦してくれたおかげで、なんと念願の企画部に転籍が決まったというのです。

「本当にありがとうございました。あの時いただいたヒントで運命を変えることができました！」

とても嬉しい言葉でメールは締めくくられていました。

いかがでしょう。例え環境を大きく変えることができなくても、環境に対する意識や姿勢を変えることはできるはずなのです。

彼女の「経理部の仕事はこういうもの」という思い込みが、「経理部の仕事にもいろいろな可能性がある」へと変わったことで、道がひらけたわけです。

あなたは今、大量の赤色のボールが流れてくる川に寝ているとしましょう。

あなたの身体には、どこにも赤色のプレートはついていません。黒色のプレートなら左手についていています。

「このままでは、自分の黒の才能が育たない」と思いながらも、残念ながらあなたは、事情があって川を飛び出すことができません。

諦めなくてはならないのでしょうか？

流れてくるボールをよくよく見てください。確かに、ほとんどが赤いボールばかりです。

でも、**その中にわずかながら、黒のボールが流れている**はずです。

これは、自然界の法則です。自然界は極端にかたよることができないのです。100％赤のボールだけが流れる川は、不自然なのです。だから、必ず黒いボールも流れてくるのです。

でも、数が少ない黒のボールは、大量の赤のボールに紛れてしまうので、自然に黒のプレートに引き寄せられてくっつくということができないのです。

だとしたら、あなたのするべきことは、決まっています。しっかりと目を見開いて、わずかながらでも流れてくる黒のボールを見つけたら、こちらから積極的に左手のプレートを動かして、くっつけていきましょう。

経理部の彼女がそうであったように、逆境の中でも主体的にチャンスを捉えて自ら動いていくことで、結果として、キャラにあった環境が整っていくことになるのです。

さて、ここまでよろしいでしょうか?

才能のタネを開花させる第1の方法は、その才能に見合う環境に身を置くということ、そして、その環境は自分の意識、姿勢で整ってくるということでした。

続く第2、第3の方法で、あなたの才能発揮をさらに加速していくことができます。

そのために、4千年伝えられてきた、自然界の重要な法則について学んでいきましょう。

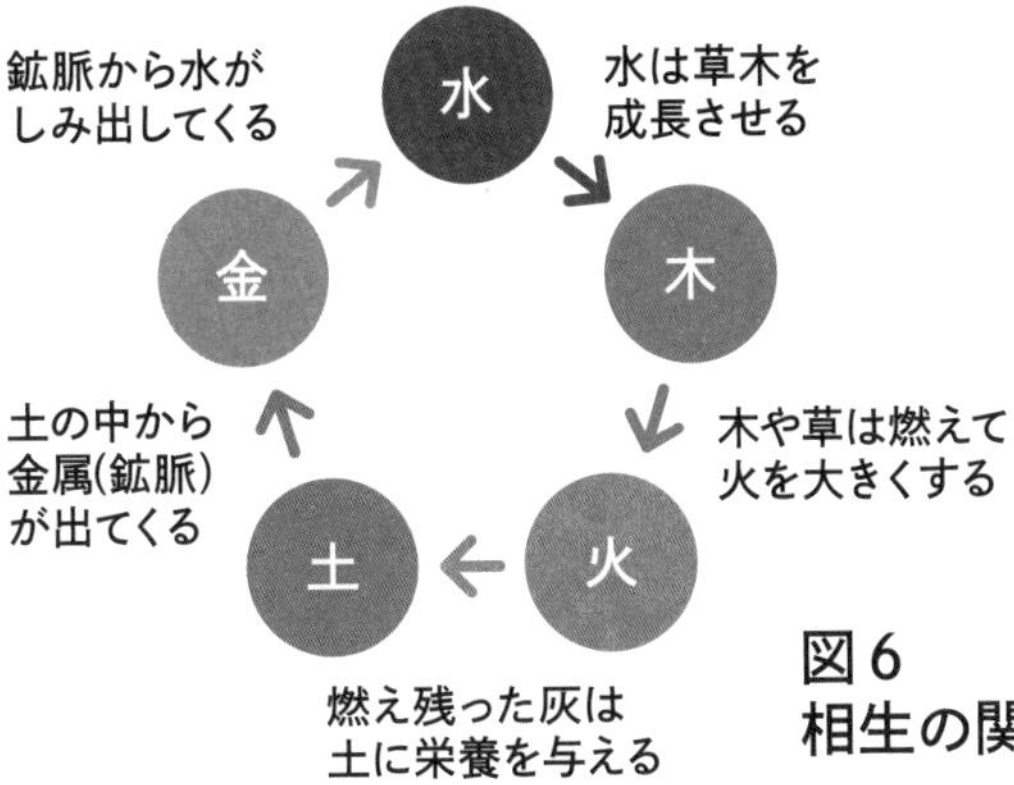

図6
相生の関係

自然界の「木・火・土・金・水」の法則

すでに第2章でご紹介したように、昔の東洋の賢人は、自然界には木・火・土・金・水の5つのエネルギー（**五行**《ごぎょう》）があると考えました。五行論と言います。

五行論の中で最も重要な考え方が、**相生**《そうしょう》と**相剋**《そうこく》です。五行のそれぞれが互いにエネルギーを与えて相手を強めたり（相生）、エネルギーが相手にぶつかって弱めたりする（相剋）というものです。

相生を説明する図6を見てください。

木や草は燃えると火が大きくなるように、木が火を生む、あるいは、木から火にエネルギーが流れると考えました。これを、木と火は相生の関係にあるというのです。

火は燃え尽きた後に灰が残って土に養分を与えます。なので、火が土を生む、あるいは、火から土にエネルギーが流れると考えました。

土の中から、鉄や金銀銅などの鉱脈（岩石の割れ目に金属の鉱石が満たされているもの）が出てきます。なので、土が金を生む、あるいは、土から金にエネルギーが流れると考えました。

金の鉱脈の隙間から湧き水が染み出してきます。また、冷えた金属の表面に水滴がつくことがあります。なので、金が水を生む、あるいは金から水にエネルギーが流れると考えました。

そして、水は木を育てて大きくしていきます。なので、水が木を生む、あるいは水から木にエネルギーが流れると考えました。

相生は、高いところから低いところへ水が流れるように、ごく自然にエネルギーが流れるとされています。

一方、図7は相剋を説明しています。

木は土から養分や水分を吸い取っていきます。土にとって木は、ありがたくないというか、嫌な存在と言えます。これを「木は土を剋す」といいます。あたかも殴られているかのようにエネルギーがぶつかっているという関係です。ぶつかられた方は、弱まったり、エネ

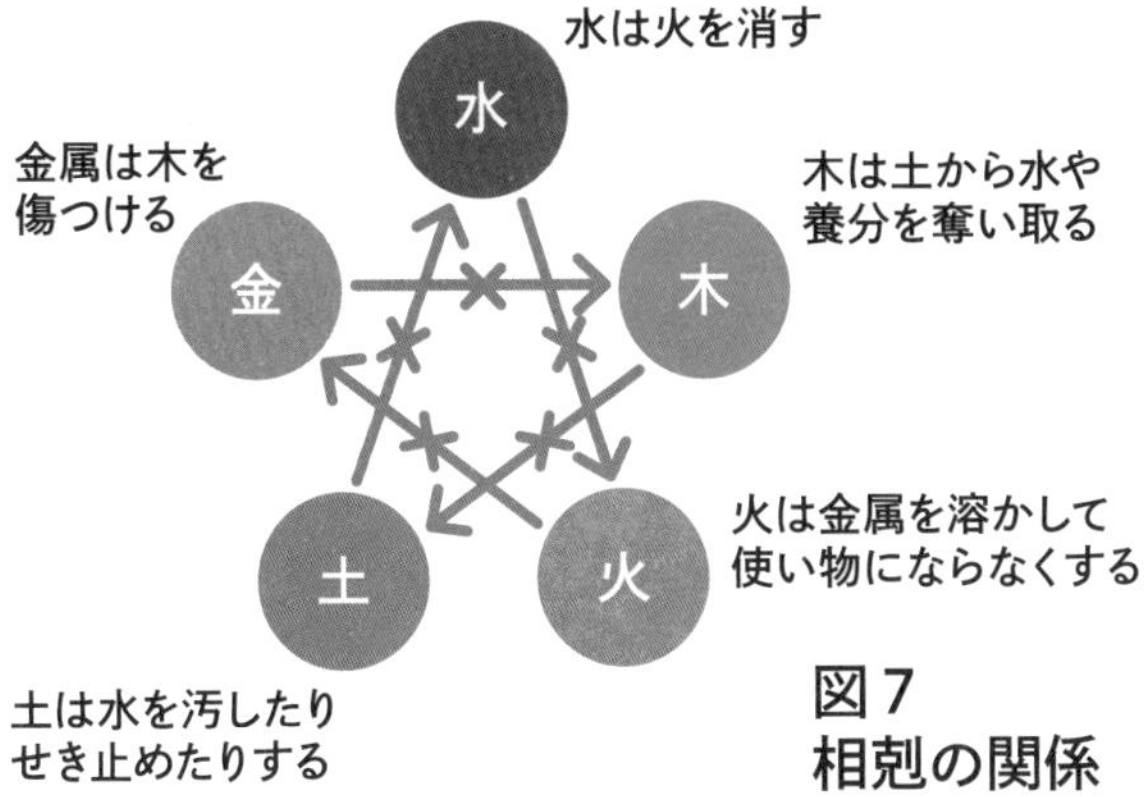
水は火を消す
木は土から水や
養分を奪い取る
火は金属を溶かして
使い物にならなくする
土は水を汚したり
せき止めたりする
金属は木を
傷つける
水
木
火
土
金

図７
相剋の関係

ルギー発揮ができなかったりします。

土は水を汚したり、流れをせき止めて自由を奪ったりします。なので、土は水を剋す、あるいは土のエネルギーが水のエネルギーにぶつかっていくと考えました。

水は、火を消します。また太陽は雲（水滴の集まり）によって隠されてしまいます。なので、水は火を剋すと考えました。

火は金属を溶かしてしまいます。せっかく斧や刀や鉄砲などに加工されて役に立っているのに、火で柔らかくなってしまうと使い物になりません。なので、火は金を剋すと考えました。

金は斧やノコギリとなって、木を傷つけたり、切り倒したりします。金は木を剋すと考えました。

この、五行の相生と相剋の考え方は、自然界のルールをシンプルにとらえています。シンプルなのに、いや、シンプルだからこそ、自然界の様々な現象を説明することができる、奥の深い理論になっています。

理系の私にとって、非常に興味深いものなのですが、ここでは深入りしないようにしま

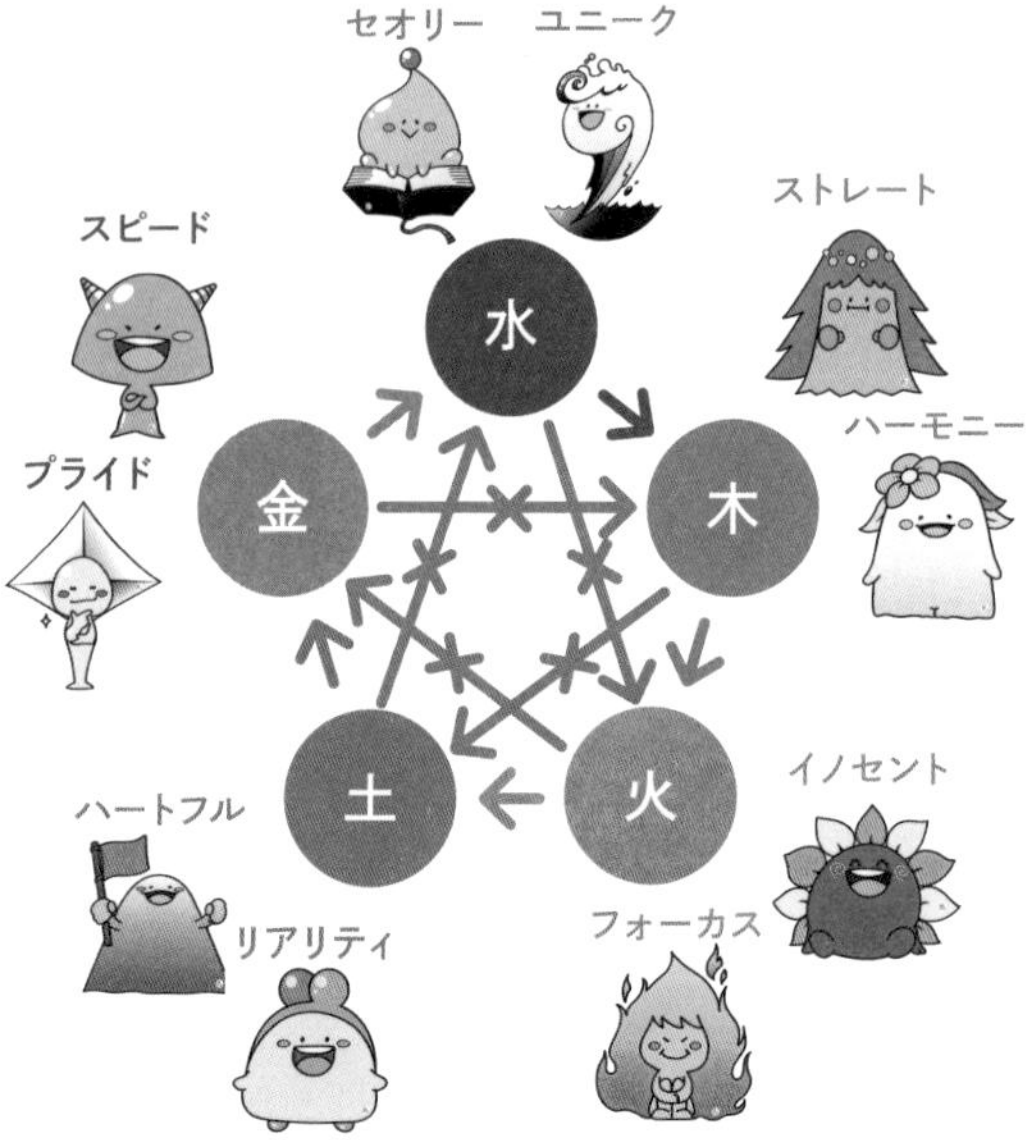

図8

す。本題に戻ります。

さて、トイロキャラはそれぞれ、ストレートは木性、イノセントは火性というように五行の性質を持っていましたね。トイロキャラの性質を相生、相剋の関係図に当てはめると、図8のようになります。

こうすると、キャラどうしが、相生でエネルギーを与えあったり、相剋でぶつかり合ったりすることがわかります。例えばストレートやハーモニーは、イノセントやフォーカスにエネルギーを与えます。また、例えばハートフルやリアリティは、ユニークやセオリーにぶつかります。

このようなキャラどうしの関係性がわかると、あなたの才能の発揮を加速する方法が見えてきます。

才能を開花させるアクセルを踏む

それは、**『活かしたいキャラを、相生で強めてくれるキャラの行動をとる』**ということです。相生で強めてくれるキャラを、**アクセルキャラ**と呼ぶことにしましょう。

例えば、あなたが自分のスピードの才能（決断力、行動力、解決力）を、もっと発揮したいと思っているとします。図8を見るとスピードを強めてくれるアクセルキャラはハートフルとリアリティです。そこで、第3章の解説を読んで、ハートフルやリアリティのキーワードになっているような行動を取ればいいのです。

ハートフルは、愛情奉仕のキャラですね。周りの人をおおらかに受け入れ、奉仕するように行動するのです。人が集まり、信頼されるようになり、自分に自信がついてきます。すると自然にスピードの行動力が増してくるのです。あなたの決断を周りが応援してくれることもあるでしょう。

一方、リアリティは、蓄積、準備計画、日常生活などのキーワードが並んでいます。なので、日頃からコツコツと、人、モノ、お金などの資源を集めるように行動します。計画も立てておきましょう。十分な蓄えがあれば、戦いやすくなるのでスピードの攻撃本能、問題解決力が高まるのです。

ハートフルとリアリティ、どちらのアクセルキャラの行動をとればいいでしょうか。厳密にいうと効果に差があるのですが、初めのうちは、あまり気にせず、両方やってみましょう。その方が、より加速されます。

表3に、活かしたいキャラに対するアクセルキャラと、その行動の例をまとめておきました。表には、行動の例を簡潔にまとめてありますが、ご自身で、第3章の解説を読んで、あなたのアクセルキャラの行動を具体的に考えてみてください。

その際、あなたの宿命のチャートに、アクセルキャラがなくても構いません。もちろん、アクセルキャラを宿命に持っている方が、より自然にその行動を取ることができます。でも、持っていなくても、そのアクセルキャラの行動を意識して実践すれば良いのです。

ただ、アクセルキャラを持っていない場合は、その行動が不得意であることが多いようです。なので、無理をする必要はありませんが、工夫したり、ノウハウを教えてもらったりしながら努力することも、人生では大切なことです。

実際、宿命に持っていないアクセルキャラの行動を、長期間努力実践することで成功している人は少なくありません。

表3　アクセルキャラの行動例

活かしたいキャラ	ストレート  ハーモニー 	イノセント  フォーカス 	ハートフル  リアリティ 	スピード  プライド 	ユニーク  セオリー 
アクセルキャラ	ユニーク  セオリー 	ストレート  ハーモニー 	イノセント  フォーカス 	ハートフル  リアリティ 	スピード  プライド 
アクセルキャラの行動の例	異なる分野の知識を得る 独創的なアイデアを発想する やり方、ノウハウを学びにいく メンター、先生、先輩、案内役を求める 持っている知識、情報を人に教える	目標を決めて、頑固に実践継続する 自分に小さな約束をしてそれを守る 人の話をよく聞き、共感する 友達づきあいをよくする 人のいるところに出かける	客観的、楽天的にとらえて、夢を語る 美味しいもの食べて、よくしゃべる 遊び心や余裕を忘れずに楽しむ 美しいものや芸術に触れる 頭で考えず、感じるままに表現する	与える、奉仕する、優しくする おおらかに受け入れ、感謝を忘れない 自分や人を信じ切る 準備・蓄積、計画、整頓を大切にする 焦らず、日常を着実、現実的に生きる	とにかく動く、外に出る 問題から逃げずに、先に決断する やめる、捨てる、整理する、組織化する ルール、法則、仕組みを考えて従う 成果実績を見返して自尊心を取り戻す

才能発揮を止めているブレーキをはずせ

才能を輝かせるためのもう一つの方法は、**『活かしたいキャラに、相剋でぶつかってくるキャラの行動をやめてみる』**ということです。ぶつかってくるキャラを、**ブレーキキャラ**と呼びます。

例えば、スピードの迅速な行動力という才能にとって、イノセントの「無邪気に楽しむ」や、フォーカスの「繊細、完璧」という行動は、ブレーキになってしまいます。これらの行動をやめてみることで、才能発揮が加速されていく可能性があります。

ただ、相剋の場合は、ちょっと複雑です。ブレーキキャラが必ずしもネガティブに働くとは限らないからです。相剋のぶつかり合いによってキャラが磨かれて、ポジティブに働くことがあるのです。

例えばスピードの場合、ブレーキキャラのイノセントによって、スピードの行動力に遊び心や余裕が加わります。行動的な遊びの達人になったり、ツッコミの鋭いおしゃべりタレントになったりするかもしれません。また、ブレーキキャラのフォーカスによって、行動や決断に感性やこだわりが加わります。動き方が洗練され、ねばりが出るので、単なる『強い』から、『強靭』へと変わっていきます。

なので、相剋の行動の中でも、あきらかにネガティブな影響が大きく、やめておいた方が良い行動に絞って、キャラごとにまとめたのが次ページの表4です。この表を参考にして、もしブレーキキャラの行動をしていると感じたら、控えるようにしてみてください。

では、活かしたいキャラに対して、ブレーキになるキャラを、もともと自分の宿命に持っている場合はどうしたらいいでしょうか？

Cさん（1965年9月2日生まれ）

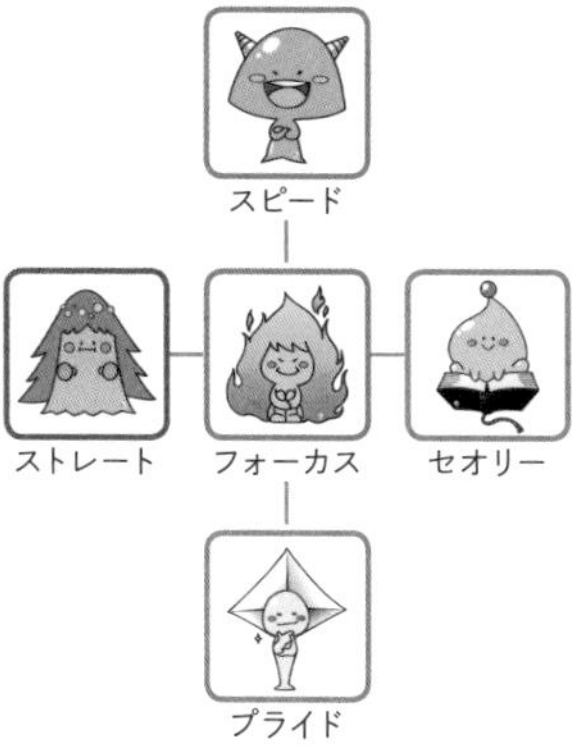

例えばCさんの場合がそうです。中央にあるフォーカスの「伝える」という才能をもっと発揮したいと思ったとき、そのブレーキキャラであるセオリーが東の位置にあります。セオリーがフォーカスを剋しています。

表4　ブレーキキャラの控えるべき行動例

活かしたいキャラ	ブレーキキャラ	ブレーキキャラの控える行動
セオリー	リアリティ	✕ 現状を考えて堅実になりすぎる、倹約しすぎる
ユニーク	ハートフル	✕ 嫌われることを恐れる、人の世話を焼き過ぎる
プライド	フォーカス	✕ 完成度を求めすぎる、こだわり過ぎる、情熱でルール無視
スピード	イノセント	✕ 遊びすぎ、食べすぎ、しゃべりすぎ、楽天的すぎる
リアリティ	ハーモニー	✕ 人づきあいにお金や気を使いすぎる、裏工作のしすぎ
ハートフル	ストレート	✕ なんでも自分でやろうとする、頑固になりすぎる
フォーカス	セオリー	✕ 頭で考えすぎる、教えようとしすぎる
イノセント	ユニーク	✕ 新しさ・独自性・面白さを求めすぎる、冒険する
ハーモニー	プライド	✕ 見栄を張る、規則を厳しく適用する、カッコつける
ストレート	スピード	✕ 結果を焦る、すぐやめてしまう、考えずに動く

この場合、両方を活かすことは難しいように思えます。

どちらかをあきらめた方がよいのでしょうか？


いいえ、どちらもあきらめる必要はありません。

これまでお話ししてきたように、宿命のキャラは、すべてが自分自身です。持っている５つのキャラをすべて活かすことで、本当に自分らしく輝くことができるのです。

宿命に、剋しあうキャラがある場合は、こう考えてください。


「ご飯を食べながら、サッカーをしなくてもいい」


例えば、ご飯を美味しく食べるグルメの才能と、サッカーで競技をする才能を持っている場合、二つの才能を同時に活かそうとすると大変なことになります。真剣なプレーにはならないし、ご飯は飛び散るし、何しろ、消化に悪いですね。

こんな時は、**時間をずらしましょう。場所も変えましょう。**

静かに落ち着いたレストランで美味しくご飯を食べた後に、グラウンドに出てサッカーをすればいいのです。

あっ、消化のことを考えると、先にサッカーですかね？（笑）

ともあれ、宿命にある二つのキャラが相剋の関係にある場合、両方とも活かすためのコツは、まさにこれです。

・時間をずらす
・場所を変える

例えば、宿命に相剋を持っているCさんが、進学予備校の講師の仕事をしているとしましょう。

彼は、フォーカスという伝達本能のキャラを持っています。単に教えるだけでなく、やる気を出させるような、伝わる授業にしたいと考え、落語を学ぶことにしました。

習得本能のセオリーを持っている彼は、その才能を活かして落語家の話し方を分析し、コツやテクニックを学び取ることができるでしょう。

しかし、だからと言って、翌日すぐに、面白く伝わる授業ができるかというとそうではありません。話し方を表面的に真似したような、頭を使った落語はかえってつまらなくなり、伝わらないのです。学び（セオリー）の水が、伝達（フォーカス）の火を消してしまうからです。

こんなときは、セオリーの才能発揮とフォーカスの才能発揮の時間をずらすのです。学んだことを実際に実践し、時間をかけて何度も何度も練習を重ねることで、次第に、頭ではなく心や感性で自然にしゃべるようになります。そうすれば、今度こそに伝わる話し方になるのです。

ちなみにCさんは、西にストレートを持っているので、おそらく家で、一人で地道に練習、努力する人だと思います。落語のように心に響く面白い授業をされているのではないでしょうか。

自然に逆らわず、才能発揮を加速する

では、持って生まれた才能を活かす方法について、まとめておきましょう。

開花させたい才能のタネ（キャラ）を決めて、

1．そのキャラにあった環境に身を置く
2．そのキャラを強めるキャラの行動をとる
3．そのキャラを弱めるキャラの行動を控える

ということでしたね。

これって、実は、自然の中で作物を育てることと同じなのです。

育てたい作物のタネを決めて、

・その作物にあった土地を選んでタネを植える
・生長をうながす水や肥料を与える

・生長を邪魔する雑草を取り除く

というわけですから。

つまり、自然に逆らわない、無理のない方法なのです。

人間も所詮は自然の一部に過ぎません。ちゃんと自然界の法則に従って才能のタネを育てることで、最大限に才能が発揮されていきます。

では、まだ途中ですが、ここで課題に取り組んでみてください。

自分らしく輝く人生の主人公になるための課題 その2

①あなたは、ご自分の宿命の5つのキャラのうち、どのキャラをさらに活かしていきますか?

②なぜ、そのキャラを選んだのですか? 理由を明確にしておきましょう。

③そのキャラを活かすために、あなたはこれからどんな環境を整えていきますか? 132ページ表2を参考にしながら、具体的に考えてみてください。

④そのキャラを活かすために、あなたはこれからどんな行動を増やしていきますか？
145ページ表3を参考にして、具体的に考えてみましょう。

⑤そのキャラの才能の発揮を妨げるような行動をしているとしたら、それはなんでしょうか？　148ページ表4を参考にして、具体的に考えてください。

さて、一つのキャラの育て方がわかってきたら、その他のキャラも意識するようにしていきましょう。
そうすることによって、5つのキャラがお互いに影響しあって、成長が加速されていきます。相乗効果というものです。

Aさん（1945年8月22日生まれ）

Aさんの場合、中央、東、南の適職トライアングルが、セオリー、ユニーク、フォーカスです。どこか知的な生き方をしながら、ユニークな発想と独特の感性を活かす仕事が適職でしたね。これだけだと、育ち方によっては、わかりにくい変わり者になったり、気難しい頭でっかちになったりする可能性もあります。
しかし、Aさんには北にイノセントがあります。もともと明るく楽しいところがあるのです。このイノセントキャラが十分に活かされると、奇抜なユニークさも、笑いに変えられるわけです。
また、西にあるハーモニーによって、友達づきあいの良さが加わります。さまざまな人と交流しながら楽しむので、イノセントやフォーカスの才能が引き出されていくことになります。いろんなゲストと関わって、笑顔と好奇心を持って相手の話を聞き出しつつ、自分からも笑顔で雑学を披露するような、バラエティ番組のMC（司会者）の仕事も良いですね。

どうか忘れないでください。**5つすべてのキャラがあなた自身です。**

あなたが持って生まれた5つのキャラが、あなただけの人生経験の中で、お互いに影響しあって成長していきます。

それこそが本当のあなたらしさになっていくのです。

自分にない才能を持つ人をうらやんではいけない

ここまで、自分の5つのキャラを知り、活かし方を学んだあなたは、もしかしたら、こんなふうに思っているかもしれません。

「ああ、自分にも、あきらめずに続けるストレートの才能があったらなあ」

「こんな時は、スピードの決断力が欲しいなあ」

「イノセントを持っている明るい人がうらやましいなあ」

ついつい、そう思ってしまう気持ちはよくわかります。

もうお分かりのように、**全部で10種のキャラのうち、人は最大で5種類までしか持って生まれることはできません**。同じキャラを2つ、3つ、4つと重複して持っている人は、もっと少ない種類しか持っていないのです。

でも、だからと言って、自分が持っていない才能を欲しがったり、才能を持っている人をうらやましがったりする必要はありません。

重要なのは、**10種類の中から、5つのキャラを選んで生まれてきたあなたの人生の意味について考える**ことなのです。

私は、人にはそれぞれ人生で果たすべき役割があって、その役割を果たすために必要な才能が与えられているのだと思っています。

そうすると、例えば、教える才能を持って生まれた人は、教えることが人生の役割になるだろうし、表現する才能を持って生まれたなら、表現することが人生の役割になるのです。

第2章で、才能のタネの配置パターンは全部で10万通りあって、そこから発揮される才能のパターンは、それ以上あるとお話ししましたね。

ということは、人が果たすべき人生の役割も星の数ほどあるということになります。

そして、あなたは、その中から、たった一つの才能パターンを育んでいるのです。

つまり、**あなたには、他の誰でもないあなただけの役割がある**ということなのです。

人をうらやんでいる場合ではありません。

あなたはあなたの役割を果たす人生の主人公なのです。

もちろん人生には、いろいろな問題がたくさん起こります。自分の持っている才能だけではうまく対応しきれない時もあります。

主人公は、そんな時、できないからと言って舞台を降りるのでしょうか？

いえいえ、自分が持っていない才能を持っている人に共演者になってもらえばいいですよね。

では、どのように共演者を見つけて出演してもらうのか、次の章でお話しいたしましょう。

第5章

自分にない才能を手に入れて成功する

自分にない才能をがんばらない、でも、あきらめない

化学会社の研究職という仕事をやめて、未経験の経営コンサルタントとして独立したとき、私の目の前の大きな壁は、「営業」でした。コネも経験もなく、有名会社の看板もない状態です。

「がんばれば、なんとかなるでしょ」

私は、売り込み営業力を身につけようとがんばりました。本やセミナーで営業の心構えを学んだり、教材で営業トークを練習したり、交流会で名刺を配ってプレゼンしたり、いろいろやりました。

でも、なかなか上手くできるようになりませんでした。失敗もしました。そして、いつも心の中で、「ずいぶん無理しているな」と感じていました。何しろ、楽しくなかったのです。

ちょうどその頃、算命学に出会いました。そして、自分の宿命を見て納得しました。私は、誰とでも初対面から仲良くなる才能や、明るく言葉たくみに売り込む才能には恵まれ

ていなかったのです。そして、断られたり、嫌われたり、プライドを傷つけられたりすることに、極端に弱い性格でした。

そして、自分には、自分の得意を活かして果たすべき役割があることに気づき、苦手を克服することはやめようと決めたのです。

無理をしないでいいとわかったとき、私はホッとしました。

「苦手な科目は勉強しなくていいよ」とか、

「好きなおかずだけ食べていいよ」

と言われているような気分でした。

ただ、でも、営業ができないという問題は、相変わらず解決しないままです。どうしたらいいでしょう。

私は、持っていない才能を身につけようとがんばるのではなく、自分の持っている才能を活かしてなんとかできないか、工夫することにしました。

私の宿命チャートには、ユニーク、プライド、ハートフルがありました。

確かに、自分で思いついたユニークな問題解決のアイデアや考え方を、ジョークを入れながらわかりやすくセミナーで話すことは得意でした。初対面の人でも、あらかじめ準備して教えるという意識でいれば、緊張せずに話せるのです。

そこで、インターネットで少人数限定のセミナーを告知して人を集め、面白い話をして関係性を作ってから、個別相談へつなぐという仕組みを作っていきました。集客の仕組みづくりは、プライドの得意技です。

そして、自分ができることを売り込むのではなく、相手が困っていることを聞きだして、その解決を支援するというハートフルのスタイルにすることで、仕事が取れるようになったのです。

しかも、このプロセスが、楽しいのです！

そうか、これが**『自分らしくやる』**ということなのかと実感しました。

とまあ、ここまでは、第4章までにお伝えしたように、自分のもって生まれた才能を活かすことで、運命は変えられるというお話ですね。

でも、この話には、続きがあります。私は、やがて次の大きな壁にぶつかったのです。

算命学の可能性と奥深さに魅了された私は、宿命を読み解いて人生やビジネスの問題を解決する手法を研究するようになり、クライアントに適用しながら効果を実証していきました。特に、心の奥にある強い思い（コア）を引き出して宿命キャラと結びつけることで、人生の方向性に自信を深める手法は、ビジネスマンや起業家の間で高い評価を受けました。手応えを感じた私は、その手法を**ミッションメンタリング®**と命名し、世界中の人に広めたいという大きな夢を持つようになったのです。

ところが、同時にそこで自分の能力の限界に気づくわけです。

「ああ、自分に、もっと才能があったらなあ」

例えば、明るく人に伝える才能、資金調達の才能、心に響く画像やキャッチコピーを作る才能、堂々と交渉する才能、ＩＴを駆使する才能、コツコツ情報発信を続ける才能、イベントを企画して盛り上げる才能などなど、欲しい才能がたくさん出てきたのです。

そうか、ストレート、ハーモニー、イノセント、フォーカスなど、自分にはないキャラを持っている人に集まってもらって、協力して貰えばいい！

でも、どうしたら良いのだろう……。

第一、そういう人がどこにいるのかわからない。片っ端から生年月日を聞くわけにもいかないし、かつての自分のように占いなんて信じない人も多い。

そして、たまたま出会ったとしても、どうしたらこちらを信頼して協力してくれるのだろうか？

持っていない才能を集めて人生をステージアップさせる3つの方法

幸いにも私は、その答えを見つけることができました。

おかげさまで今では、独立当初につくったコンサルティング会社の他に、新たに2つの法人を立ち上げ、多くの仲間に集まっていただいています。また、まるで運命に味方されているかのように、必要な時に必要な人が現れてくれるようになったのです。実例を挙げると……、

目の前の人の心を掴むのが上手い人、一つのことをじっくり続けられる人、仲間作りが上手い人、事業計画のプロ、会計のプロ、会社をいくつも立ち上げた人、

ITの専門家、コーチ、コンサルタント、カウンセラー、人材育成や人間分析の専門家、スタイリスト、カメラマン、デザイナー、漫画家、出版・PRの専門家、集客の専門家、遊び心のある人、スピリチュアルな人、疲れた心や身体を癒す人、自ら動いて見本を見せる人、いつも笑顔の人などなどなど。

そして一人ひとりが、自分の個性と才能を活かしながら、私の夢に参加していただいているのです。

この章では、私が見つけた答えについてお伝えすることにします。

私たちは、一人で何でもできるスーパーマンにはなれません。

人生で突き当たる様々な課題を乗り越えて成長しようとするならば、まず、自分の持っている才能を活かす。それができたら、次に、自分が持っていない才能を持っている人に協力を仰ぐことが必要なのです。

というか、おそらく人生は、そうしなければならないように仕組まれているのでしょう。

まるで、ゲームで冒険に出たあなたが、最初に自分の武器を与えられて、それを使いこなせるようにレベルアップしたら、次の新しい敵が現れるようなものです。その敵は今までになく強いので、他のメンバーと協力しないと倒せないようになっています。その敵を倒せば、さらに自分はレベルアップし、次のステージに進めるのです。

もちろん、人と協力するのをあきらめて、今のステージで止まることもできます。人生のゲームオーバーになるまでに、どのステージまで行くのかは、自分で決められます。

もし、あなたが次のステージに進みたいと思うようでしたら、この章は役に立つはずです。

自分にはない才能を持っている人をどうやって引き寄せて、力を借りるのか、その方法は3つです。

方法1　自分が持っている才能をさらに輝かせる
方法2　ブレない自分軸（人生ミッション）を決める
方法3　東洋の奥義！　バランスの法則

まず、一つ目は、一見シンプルで、実は奥の深い方法です。

方法１　自分が持っている才能をさらに輝かせる

あなたはもう、お気づきでしょうか？

あなたが持っていないキャラを持っている人は、逆に、あなたが持っているキャラを持っていない可能性が高いということを。


これ、わかりますか？　ちょっと考えてみましょう。
①から⑩までの数字から、５つの数字を選ぶとします。選べるのは５つだけです。
太郎さんは、①、②、③、④、⑤を選びました。そして次郎さんが、例えば⑥を１つ選ぶと、あと選べるのは４つまでです。仮に、①、②、③、④を選んだとすると、もう、⑤を選ぶことができません。次郎さんが持っているのは、⑥、①、②、③、④となります。

太郎さんは、自分が持っていない⑥を持っている次郎さんをうらやましく思いますが、次郎さんは太郎さんの持っている⑤をうらやましく思うのです。

また、例えば太郎さんが持っていない数字、⑥、⑦、⑧、⑨、⑩を全部持っている三郎さんがいたら、どうでしょう。そうです、三郎さんは、太郎さんが持っている数字、①、②、③、④、⑤を一つも持っていないのです。太郎さんと三郎さんは、お互い相手の才能がうらやましくて、欲しがっているということになります。

だから、自分の持っていない才能を持っている人を、どうやって見つけるのかわからないと心配する必要はありません。

あなたはただ、自分が持っている才能を最大限発揮すれば良いのです。その輝きをうらやましく思って引かれてくる人は、あなたの持っていない才能を持っている可能性が高いのですから。

そしたら、お互いに支援しあえば、お互いにメリットがあるのです。

私は、自然界が人間に、10種の才能のタネから5つまでしか持てないようにしていることの意味が、ここにあると思っています。あえて万能につくらなかったことで、「人間は、互いに支え、助け合いなさい」と言っているように思うのです。

この時、一つ大切なことがあります。

それは、**まずこちらから支援する**ということです。

与えるから与えられる。奪うから奪われる。支援するから支援されるのです。

これは自然界の法則です。物理や化学の難しい話になってしまうので、ここでは詳しくお話ししませんが、自然界は、勝手にバランスを取ろうとするのです。

人に出会ったら、「この人は、自分に何をしてくれるのだろう」と考えるのではなく、**「自分は、この人に何をしてあげられるのだろう」**と考える。そして、持って生まれた才能を最大限に活かしていく。

そういう姿勢でいると、勝手に向こうから、「あなたを支援したい」とやってきてくれて、しかもその人は、あなたの持っていない才能を持っているのです。

いかがでしょう、実にシンプルな方法ですね。

ただし、シンプルですが、注意が必要です。

実は、人間は、自分と同じキャラを持っている人のことは理解しやすく、違うキャラを持っている人は理解しにくいのです。

まして、太郎さんと三郎さんのように、お互いまったく異なるキャラを持っている人どうしは、性格や価値観、行動パターンが正反対と言って良いほど大きく違ってきます。

なので、自分が持っていない才能を持っている人と、一緒に何かをやろうとすると、まるで違う文化の国の人とつきあうような感じになります。お互いを理解できずに、誤解を生み、トラブルになる可能性もあるのです。

そこで、違う才能を持つ人とのつきあい方、心構えをお話ししましょう。

なぜ、アメリカ人は傘をささないのか？

研究者時代、アメリカのピッツバーグに2年間住んでいたことがあります。

ある日、友人のアメリカ人の家に遊びに行ったときのことです。友人が持っているコップの手がすべって、座っている私のジーンズに水がかかってしまいました。

私はびっくりして声をあげながら、すぐに拭くものを探し始めました。

すると、その友人は、「あ、ごめん」とは言ったものの、かかった水を拭くわけでもなく、私の慌てた様子が面白かったのか、ただ、ゲラゲラ笑っているのです。

（あれ？）

私は、少なからず違和感を覚えました。

そういえば、アメリカ人は、雨の日でも傘をささない人が多い。遊園地では水をかけるアトラクションが多いし、びしょ濡れになっても平気でいる。

どうしてだろう？

そうか、靴のまま家に入るからだ！

靴を脱いで家に入る日本なら、床は乾いていなければならない。雨で濡れた服は玄関で脱がなければならない。そして、濡れたらすぐに拭くという癖がしみついている。

でも、アメリカでは、濡れたままで家の中に入り、バスルームまで直行できる。床は後で拭けばいい。家の中で濡れることにも抵抗が少ないのだ。

そのことに気づいた私は、友人と大笑いをしました。

面白いことに、人は、相手と自分の違いの『理由』がわかれば、違いを受け入れやすくなります。

そして、違いの理由を理解するには、分類すれば良いのです。家の中で靴を脱ぐか、履いたままなのか、という分類に気づいたので、違いの理由が明確になったのですね。

なので、才能の違う人とつきあっていこうとするのなら、才能という世界にはどんな分類があるのか、自分はどの分類に入るのかを知っておくと良いのです。

才能の分類は色々ありますが、ここでは特に、人とのつきあい方に大きく影響するものを2つ、ご紹介します。

あなたは現実的か、精神的か？

現実的というのは、財産、成果実績、地位名誉など、形として現れるものを求めようとする傾向のことです。一方、精神的というのは、夢、感情、学び、スピリチュアルなど、目に見えないものに価値を感じる傾向のことです。

早速やってみましょう。

図9を見ながら、あなたの宿命チャートの5つのキャラに、点数（現実的ポイント）をつけてください。

・ストレート、ハーモニー、スピード、プライドには、それぞれ3点

・ハートフル、リアリティには、それぞれ2点

その他のキャラは0点です。そして点数を合計します。15点満点です。

合計点が7点以上だと現実的、6点以下は精神的とみて良いでしょう。

例えば、Aさんの場合、ハーモニーが1個で3点、その他は0点のキャラばかりですので、合計3点になります。とても精神的な人ですね。仕事は、自分が面白いからやるのであって、実績をあげて認められたいとか、たくさんお金を儲けたいという意識は、あまりないようです。この人が、例えばタレントとして売れるためには、現実的な人のサポートを受けるとか、自分の代わりに仕事をとってくる敏腕マネージャーをつけるなどする必要

図9　現実的ポイント

各3点
ストレート
ハーモニー
スピード
プライド
各2点
ハートフル
リアリティ
各0点
イノセント
フォーカス
ユニーク
セオリー

がありそうです。

Bさんは、ハーモニー2つ、スピード1つで、3×3点で9点。ハートフル1つで2点、合計で、11点になります。結構現実的です。

Cさんはストレート、スピード、プライドが一つずつで、合計9点、やはり現実的です。

あなたは情的に動くか、理的に動くか

情的な人は、美しいから、楽しいから、心地よいから、好きだからというように、理屈ではなく、感性や情愛で動く傾向にあります。一方、理的な人は、合理的だから、理論や常識がそうだから、規則があるから、義理は大切だからというように、頭で考えて動きます。残念ながら、理的だからと言って、いわゆる頭が良いとか学校の成績が良いということに直接結びつくわけではありませんので、ご注意ください。

ちなみに、私は理的です。この本も理屈っぽっく書かれていますよね（笑）。

図10を見ながら、あなたの5つのキャラに点数（情的ポイント）をつけてください。
・ストレート、ハーモニー、イノセント、フォーカスには、それぞれ3点
・ハートフル、リアリティには、それぞれ2点
その他のキャラには0点として、合計点を出してください。こちらも15点満点です。

図10　情的ポイント

各３点
ストレート
ハーモニー
イノセント
フォーカス
各２点
ハートフル
リアリティ
各０点
スピード
プライド
ユニーク
セオリー

合計点が7点以上だと情的、6点以下は理的とみて良いでしょう。この分類で見ると、Aさんは9点で情的、Bさんは11点で情的、Cさんは6点で理的となります。

また理系の私のクセが出てしまって恐縮ですが、現実的ポイントと情的ポイントをグラフにしてみると図11になり、そこに3人の点数を書き入れたのが図12です。

こうしてみると、才能の世界には、4つの異なる分類の国があって、3人は別々の国に住んでいることがわかりますね。

あなたは、どの国に住んでいる人でしょうか？　相手の方のキャラが分からなくても、少なくとも自分はどんな分類の国にいるのかがわかれば良いのです。

「ああ、自分は精神的で情的だから、お金のことを気にしすぎる人や理屈っぽい人が苦手なんだ」

というように、自分の傾向を知っていれば、相手の言動にイライラする理由がわかり、上手につきあう方法も見えてくるからです。

おっと、違う才能を持つ人を引き寄せる方法1の解説が長くなってしまいました。意外に奥が深いでしょう。

では、2つ目の方法をお話ししますね。

図 11

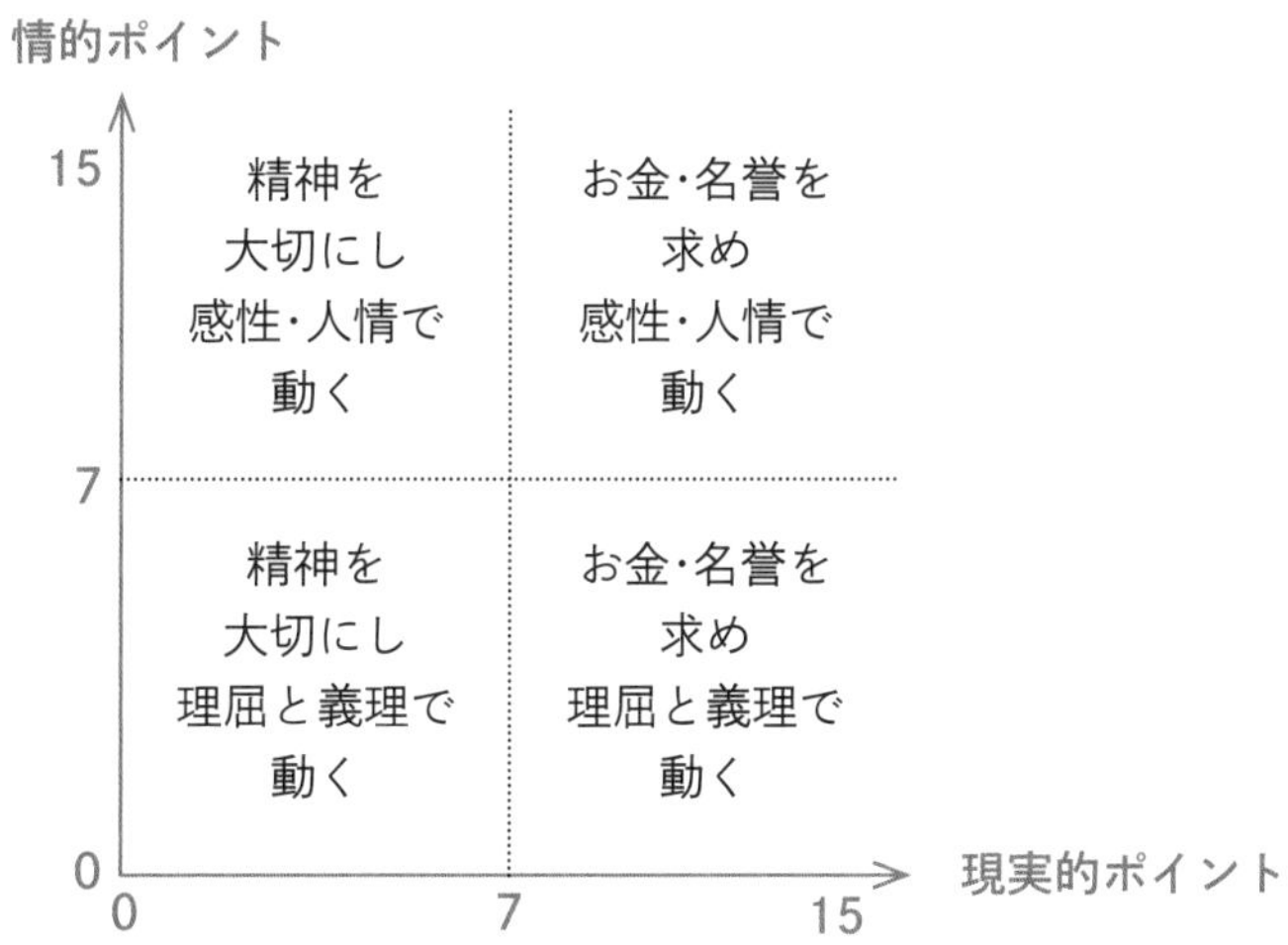
情的ポイント
15
精神を
大切にし
感性・人情で
動く
お金・名誉を
求め
感性・人情で
動く
7
精神を
大切にし
理屈と義理で
動く
お金・名誉を
求め
理屈と義理で
動く
0
0
7
15
現実的ポイント

図 12

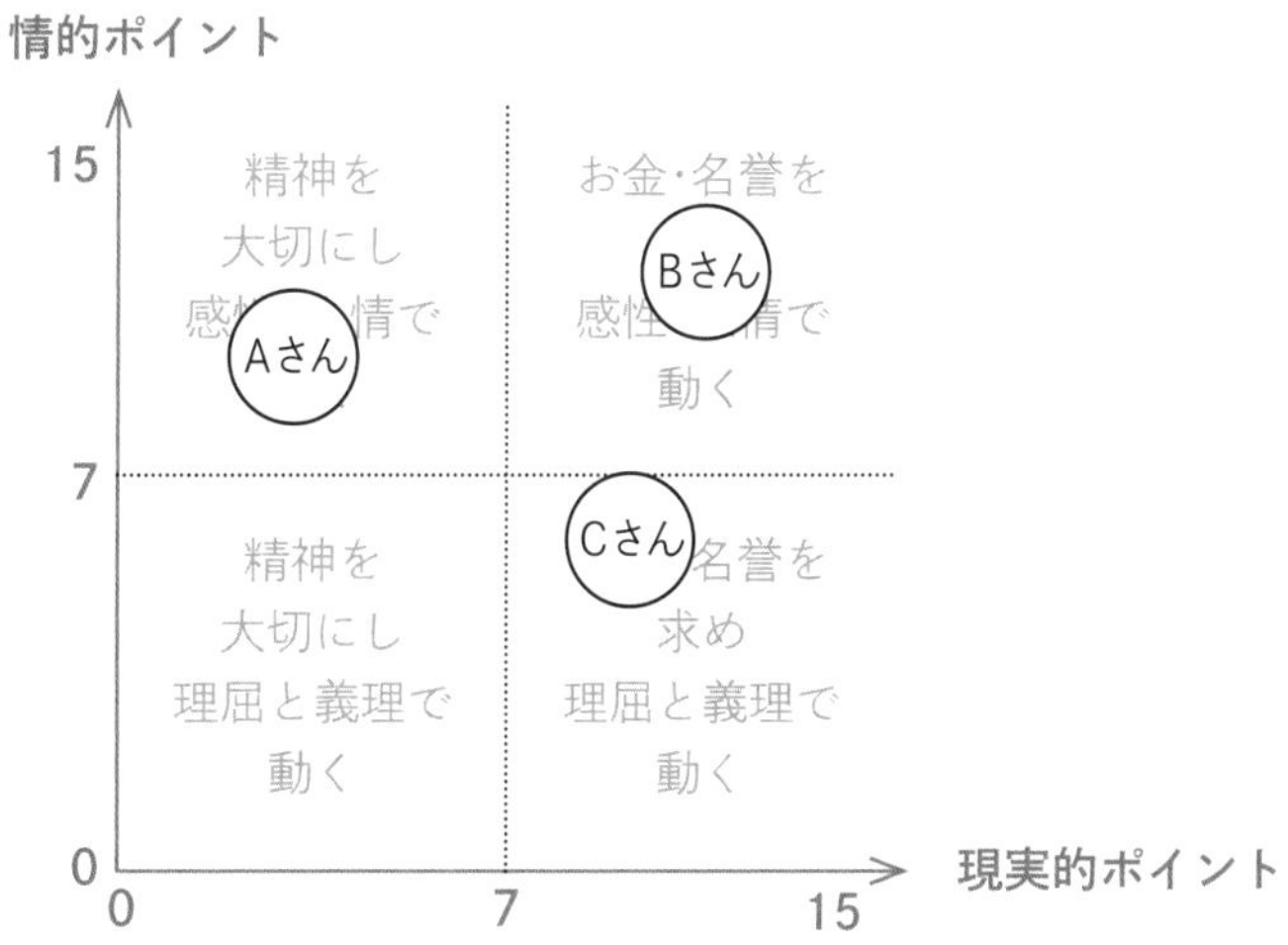
情的ポイント
15
Aさん
Bさん
Cさん
7
精神を
大切にし
理屈と義理で
動く
0
0
7
15
現実的ポイント

方法2　ブレない自分軸（人生ミッション）を決める

よく、夢やビジョンに人が集まるといいます。

確かにそうです。誰かを幸せにするような、ワクワクする夢を語ると、「それ、いいね」って人が集まります。

私は、起業家たちが事業の夢をプレゼンテーションするイベントで、10年間、200人のサポート役をつとめてきて、そのことを実感しています。一人の夢が多くの人を動かし、支援しあう事例をたくさん見てきました。

ただし、同時に、こう思っています。

自分が持っていない才能を持っている人に、協力してもらおうとするなら、「こうなったらいいな」という、夢だけでは不十分です。

夢という未来に向けた思いだけでなく、**今、自分は何をするのかという、自分軸（人生ミッション）を明確にする**ことが大切なのです。

その理由から、お話ししましょう。

実は、人間は、自分が持っている才能を活かして何かをしている時、そして、それが誰かの役に立っている時に、大きな幸せを感じる生き物なのです。

だから、いつも心のどこかで、自分の「出番」を探しています。そして、誰かが夢を語ると、人は本能的に、そこに自分の出番を求めて集まってくるのです。

例えばあなたが、「戦争がない世界を実現したい」という夢を語って、共感した人が集まったとします。

ところが、そこで、今あなたが何をするのか、何ができて何ができないのかが明確になっていなければ、どうなるでしょうか？　せっかく集まった人たちも、自分の出番を見つけられずに、去っていってしまいます。

一方で、「自分には夢なんかないよ」と言いながらも、「とにかく、カンボジアの地雷を一個でも多く取り除く」というミッションを持ち、実際に動いている人には、自然と人が集まり、力を貸してくれるのです。

人を引き寄せて、支援してもらえる自分軸は、少なくとも、３つの要件を満たしています。

1．他の誰かを具体的に幸せにするものであること

自分のためのミッションでは、人は支援してくれません。また、何に困っている人が、どんな幸せになるのか、具体的になっていることが重要です。

2．達成をあきらめない強い理由があること

これは、自分の過去の人生の中で、辛い思いをしたり、一所懸命努力したりした経験から、魂の声のように湧き出てくるものであり、芯（コア）になるものです。

3．自分らしい手段で遂行するものであること

自分には、これを遂行するのにふさわしい才能、スキル、実績がある、または努力して備えつつあるというものであると、説得力があります。

例えば、海外派遣でアフガニスタンに行った医師のEさんの自分軸は、『知恵と工夫と奉仕の心で井戸と用水路を作り、人々に日々の生活が送れるような環境を整える』というものでした。戦乱と干ばつで大勢の人が餓死寸前の状態にあるのを目の当たりにしたからです。

ブレることなく自分軸を貫き、着々と実績を重ねていった彼のところには、多くの人々

が集まり、出番を見つけて支援していきました。

そして、ついに１６００本の井戸と、総延長２㎞の用水路を完成し、アフガニスタンの国家勲章を受章するに至ったのです。


私は、これまで相談にこられた起業家や経営者の方々に、自分軸の確立をおすすめしています。自分の人生を振り返って魂の声を聞き、自分の才能を活かして何をすべきなのかを明確にする作業をしてもらいます。


例えば、第1章の愛さんは、『アロマで人を癒してきた経験と、発想力豊かな前進力で、日本中のお母さんが、本当の自分に戻れる居場所をつくる』という自分軸になりました。

他にも例えば、

『持ち前の強い好奇心と行動力で、最新のユニークなシステムを開発し、顧客の日常のお困りごとを解決する』とか、

『問題解決ノウハウを体系化する才能と遊び心を活かして、集客に困っている専門家の方々に、面白さで売れていく仕組みづくりを教える』

というのもあるでしょう。


自分軸をつくるときに、王者の占術が特に役に立つのは、要件3の自分らしい手段を明

E さん

図 13

確にするところです。自分にはどんな才能があるのか、好きで得意で、自分の生き方にあっていることは何か、考えていくのです。適職トライアングルも参考になるでしょう。自分の才能をうまく活かせるミッションは力強いものになります。

ちなみに、Eさんの宿命チャート（図13）には、知恵と工夫のセオリー、生活・お金のリアリティ、愛情奉仕のハートフルなどが並んでいます。

方法3　東洋の奥義！　バランスの法則

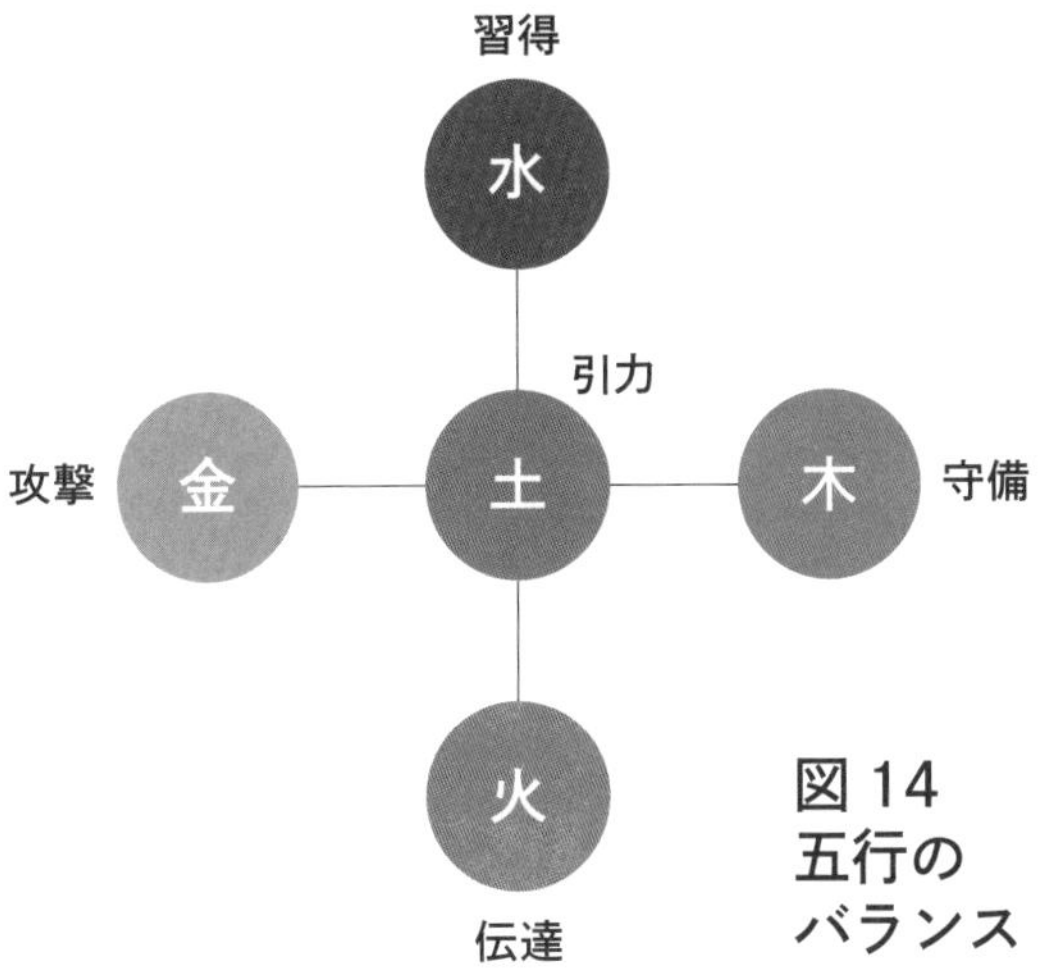

図14
五行のバランス

自分とは異なる才能を持つ人を引き寄せるための3つ目の方法は、東洋で昔から大切にされている『中庸』という考え方にもとづいた、奥義とも言える方法です。

それは、今の言葉でいうと、『バランスの取れているところにエネルギーは集まる』ということです。

何のバランスかというと、図14のように木火土金水を並べたときの、上下左右のバランスです。

実は、東洋では、木、火、金、水の4つがうまくバランスが取れていると、真ん中の土の引力が高まると考えられているのです。

木は守備、火は伝達、金は攻撃、水は習得という5つの本能（エネルギー）であることを思い出してください。土は引力でしたね。

守備は、今の状態を守りたい、続けたいというエネルギーであり、それゆえ、目標に向けて何かを実践・継続し、家族、人間関係を守ることなどを表します。

伝達は、何かを伝えるエネルギーで、楽しさ、感性、美、芸術、技術、健康、表現などを意味します。

攻撃は、何かを変えたり、解決したり、やめたり、決着をつけたりするエネルギーで、仕事、問題解決、改善、業績、名誉などを表します。

習得は、何かを吸収し、与えたり、新しくしたりするエネルギーです。学び、教え、冒険などを意味します。

これらがバランスよく行動できている人は、土の引力が高まって信頼され、人、もの、お金が引き寄せられてくるのです。

一方、どれかに偏っている人、例えば、いつも仕事の業績（金）を気にしてばかりで、身近な人との会話を楽しまない人は、やがて人間関係（木）を悪化させてしまい、魅力がなくなります。また、遊び（火）を楽しんでばかりで、仕事（金）をしない人も信頼されません。あるいは、水のエネルギーが強すぎて、知識が豊富で頭がよいことをひけらかして、上から目線で「教えてやるよ」という感じの人も敬遠されますね。

バランスが大切なのです。

ちょっと待ってください。バランスが取れると引き寄せ力が高まるのはなんとなくわかりますが、では、どうやってバランスを取れば良いのでしょうか？　例えば、仕事と遊びのバランスが取れているかどうか、どうしたらわかるのでしょうか？

答えは、「動きながらバランスを取る」ということなのです。

私は、子供の頃によくやったのですが、指の上に傘を立てて、倒れないようにバランスを取って遊んだことはありませんか？　その時、あなたの腕は、常に細かく前後左右に動いていましたよね。傘はフラフラして、バランスが取れるポイントがどこにあるのかわからないので、常に腕を動かしてバランスを取っているのです。腕を動かさなくなったら傘は倒れてしまいます。

それと同じように、あなたが誰かを引き寄せたいと思えば、動きながら木・火・金・水のバランスを取れば良いのです。

どのように動いてバランスをとれば良いのか、実は、うまい方法があるのです。

引き寄せ力を高める行動には順番がある

それは、木・火・金・水を、自然に逆らわないような順番に回しながら行動していくという方法です。

つまり、こうです。

1．最初は、**金（攻撃本能）**から始めます。今、自分が抱えている問題、やらなければならない課題は何でしょうか？　その問題から逃げずに立ち向かってください。もちろん、現状の自分では無理だとか難しいと感じる問題かもしれません。だからこそ、攻撃本能で行動するのです。すぐに解決できなくても良いのです。まず、決断してください。

2．次に、**水（習得本能）**です。決断し、動き出して分かったことを整理して、必要なノウハウを学びにいきます。金で困難な問題に立ち向かったあなたは、のんびりしていられません。どこが難しいのか、どんな知恵が欲しいのかが明確になっているので、吸収力は絶大です。

3．そして、**木（守備本能）**です。水で学んだノウハウを実践していきます。ちょっとやってみるという程度ではなく、大樹がじっくり生長し続けていくように、ひたすらやり続けることが大切です。

4．やがて、**火（伝達本能）**になります。木でやり続けたことで、上手にできるようになったり、楽しくなったりしています。そこに火がついて、あなたのその熱量が人に伝わっていくのです。

5. 結果として、**土（引力本能）**が高まります。最初に解決が難しかった問題を、上手に楽しく解決しているあなたの周りには、人、もの、お金、情報がやってくるようになるのです。

6. ありがたいことに、問題が無くなることはありません。次の問題にぶつかりますので、また金の攻撃です。新たな成長サイクルを回すのです。

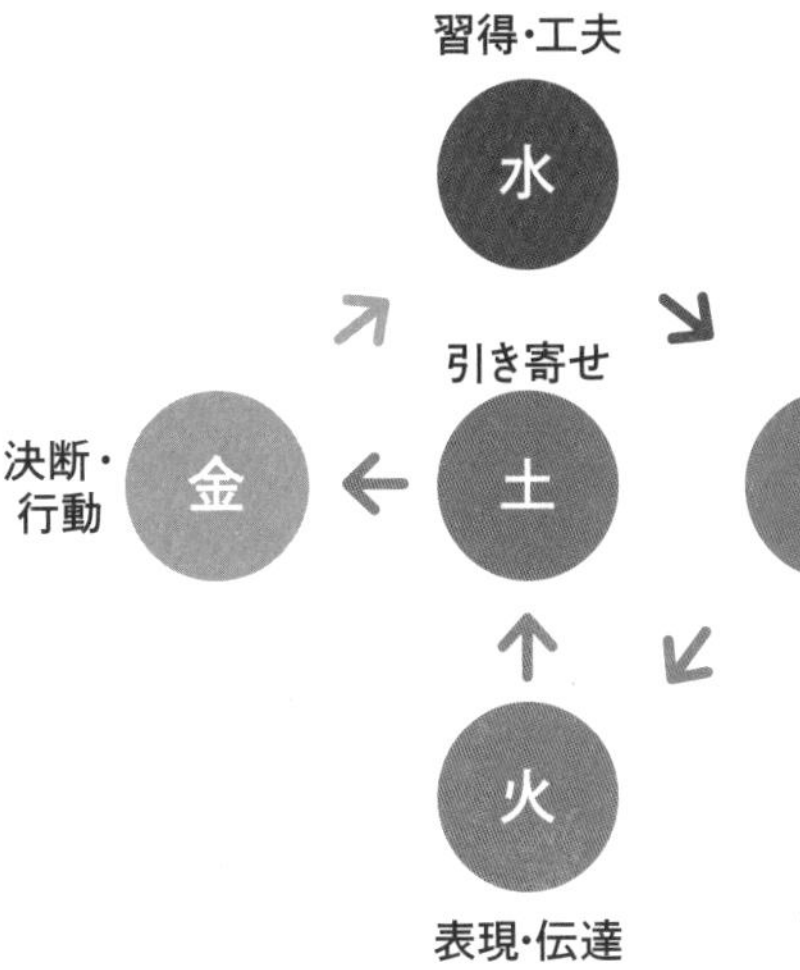

図15 引き寄せ力を高める行動の順番

この順番は、金→水→木→火→土という「相生」の自然な流れです（図15）。無理がないのです。

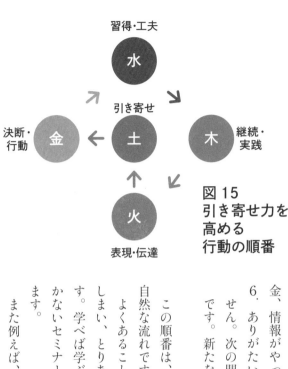

よくあることですが、金より先に水の行動を始めてしまい、とりあえずノウハウを求めに行くと失敗します。学べば学ぶほど決断力が鈍り、知識はあるけど動かないセミナージプシーと言われる人になってしまいます。

また例えば、木の実践継続がないまま伝えようとしても、火はつかないまま伝わりません。知識や理屈ばかりで、実際にやった事例がなければ、人には伝わらないのです。

勇気を出して、問題に取り組む金から始めれば、金が水を生み出し、水は木を育て、大きくなった木が燃え上がり、暖かさと明るさを求めて人が集まります。自然な方向に回りながら、それぞれのエネルギーが順番に高まって行くのです。

まるで、回っているコマが倒れずにしっかりと立つように、行動サイクルが回ることで、勝手に木火金水のバランスが取れていくのです。

そしてこのとき、方法2で解説した自分軸（人生ミッション）を明確にしておくと良いでしょう。

どのような自分らしい手段で、誰がどのように幸せになるのか、そして、なぜそれをするのかを書き出しておくのです。

はっきりとした目的意識を持って、ミッションの達成に必要な課題に積極的、集中的に挑戦しようとするので、サイクルが早く回ることになります。

コマは早く回転するほど、軸が安定します。あなたの行動サイクルは、ぶれない自分軸を中心にして高速で回転し、ますます引力が高まるのです。

もしかしたらあなたは、「自分は金のキャラを持っていないから最初の決断が苦手だ」とか、「木のキャラがないから、実践が続かない」というように、弱気になってしまうかもしれません。そんな必要は全くありません。

苦手なことに対して、それでもやると決断し、持っていない才能ではなく、持っている才能を最大限活用するように工夫しながら、やれることをやれば良いのです。

方法１の「自分が持っている才能を輝かせる」を思い出してください。自分らしくサイクルを回していけば良いのです。

むしろ、できない、難しいと思える問題であればあるほど、工夫努力してサイクルを回すことで大きく成長し、人を引き寄せる力も大きくなります。

私の場合を振り返ってみます。

最初に、「顧客が獲得できない」という問題に立ち向かいました。イノセントやフォーカスのない私は、火の伝達行動、特に、１対１で伝える営業が苦手でした。そこで、その代わりに、持っているユニークとプライドを活かして、セミナー集客の仕組みを学び、工夫しながら実践しました。その結果、他にはない面白いセミナーがクチコミやネットで伝わり、事業が軌道に乗りました。

次に私は、「大企業での研修事業をやりたいけれど営業ができない」という問題に挑戦しました。このときも、ユニークとプライドキャラで独自の新しい研修コンテンツを企画し、知り合いの中小企業にテスト的に実践することを繰り返しました。そうして顧客の喜びの声を集め、それを体験セミナーで大企業の人事担当役員に披露することで、研修を受注することができました。

そのほかにも、このような行動サイクルをいくつも回していくうちに、次第に私に対する信頼感が高まっていったのだと思います。数年前、私が、王者の占術で人を幸せに導くマスターを育成するミッションメンタリング協会を立ち上げたときには、すぐに多くの人々が集まってくれたのです。

そして、自分らしく輝く人生の主人公になる

実は……。

もうすでにあなたは、必要なものを引き寄せる行動サイクルを回し始めています。

あなたは何かのきっかけで、この本を手にしました。何かの問題を抱えながら、自分の人生をもっと良くしたいと思っていたかもしれません。

そして、「よし、持って生まれた才能を活かしてみよう」と決断した瞬間があったと思います。小さな金のエネルギーが発動しました。

第３章で自分のキャラを知り、第４章でキャラの活かし方を学びました。水ですね。

そうです。学んだら次は、木の実践・継続です。

キャラにあうような環境を整え、毎日自分のキャラを意識し、キャラを活かすような行動をとることを繰り返していきましょう。

場合によっては、今までやったことのないことや、辛いことをしなければならないかもしれません（例えば、フォーカスは、あえて批判される環境を選ぶとなっています）。

それでも続けていきましょう。やがて自分のキャラの取り扱いが上手にできるようになります。

そして、いつの間にか自分がイキイキとしてきます。

そうなったら、もう大丈夫。火のエネルギーが立ち上がり、あなたの思いや夢が人に伝わっていきます。

そしてそれは土の引力を高めていき、色々な形で現実化してきます。

例えば、ギクシャクしていた友人と笑い合えるようになったり、収入が上がったり、新しい出会いがあったりするのです。運命が変わり始めたことに気づくと思います。

私の経験では、学びを実践継続するようになってから、だいたい3週間ほどで小さな変化が現れ、3カ月で大きめの変化が現れるようです。

ただ、そうは言っても、学びの実践を続けることが苦手な人も多いのは確かです。理論的には、59%の人が、ストレートという実践継続のキャラを持っていませんし、持っていたとしても、活かせていない人も多いですから。

なので、できれば、**一人でやらないことをお勧めします**。

親しい人やコーチになってくれる人に、この本を渡して、３カ月ほどつきあってもらうと良いでしょう。例えばＳＮＳなどで、毎日のように実践したことを共有し、自分の変化を見てもらえると最高です。

実践を続けた結果、あなたの才能が活かされるようになって、例えば収入が上がったとしたら、つきあってくれた人へのお礼を忘れずにしてくださいね。

そして、これはやりたい、やるべきだと思えるような人生のミッションが見つかったら、それを軸にして、さらに大きな行動サイクルを回していきましょう。

あなたが自分らしく才能を輝かせることで、あなたが持っていない才能を持っている人が集まってくれます。あなたは、その人たちと一緒に、さらに充実した人生の主人公となっていくことでしょう。

では、最後に演習です。少し時間を取って、実際に書き出してみてください。

自分らしく輝く人生の主人公になるための演習 その3

①あなたの人生ミッションのようなものがあるとしたら、それは何でしょうか？　完璧なものでなくても結構です。あなたはどんな人をどのような幸せにするために生きていきますか？

②なぜ、それをしたいのですか？　あるいは、なぜ、それをするべきだと思ったのですか？

③その人生ミッションを遂行するときに、あなたのどんな才能が発揮されるのですか？

④その人生ミッションの達成のために、目の前のどんな問題に立ち向かいますか？

⑤持って生まれた才能を活かすための実践を続けるために、あなたは何を工夫しますか？
（例えば、毎日行動記録をつける、継続できた時の自分へのご褒美を決める、誰かにコーチ役になってもらうなど）

あとがき

これまで私が、自己紹介などで、工学博士ですとか、手術用の溶ける糸などを開発しましたと言うと、みなさん、「すごいですね！」と驚き、褒めてくださいます。

でも、正直、自分ではそんなにすごいことだと思っていませんでした。そう言うと、嫌味だとか、冗談でしょうと言われるのですが、本当です。

確かに博士学位の取得も、溶ける糸の開発も、それほど多くの人が成し遂げられることではありません。でも本人は「大したことない」と思っているのです。

多分それは、私が何か大きな困難に直面して、人一倍苦労して、必死の思いでやり遂げたことではないからです。論文を書いているときも、データをまとめているときも、いつも楽しかったのです。夢中になっていたのです。

あなたにも経験はあると思います。人は、自分の才能をいかんなく発揮すると、時の経つのも忘れて夢中になり、さらりとやってのけるのです。

むしろ私にとっては、滅多に行かないお店で、名前も聞いたことのないような食材を買い込んで、慣れない手つきでドタバタ苦労して作った、特製チョコレートブラウニーの方が、よほど「すごい」ことなのです。

そしてこの、自分にとって「すごい」ことが、世間では「大したことない」ことなのです。せいぜい娘から「意外に美味しいじゃん」と慰められる程度です。

独立起業したときの私は、この『自分で自分の才能に気づけない』という落とし穴に、まんまとはまってしまいました。才能ではない苦手なことを無理してがんばって、遠回りをしました。

もちろん、そのがんばりは無駄ではありませんでした。すべての出来事に意味がありますし、苦手をがんばることにこそ、人生の意味があると思っています。

なので、特にまだ若い人には、才能を見つける王者の占術は、必要ではないかもしれません。若いうちに自分の才能ではないことをがんばって苦労することで、その人らしさに深みと凄さが出るわけです。

ただ、ご自分の人生も半ばをすぎたと思うようでしたら、今すぐ自分の才能に気づいて、最大限に活かす方向を見つけることが必要です。人生の役割を果たす時間が残り少なくなってくるからです。

ところで、最後の最後に、私の好きな分野の話におつきあいください。

実は、人の運命とか才能という世界は、化学の世界に似ているのです。

世の中で知られている原子を、水素、ヘリウム、リチウム……のように、重さの順番にならべていくと、ある一定の周期で同じような性質を示します。

例えば、3番目のリチウム、11番目のナトリウム、19番目のカリウムは、とても暴れん坊です。特にナトリウムやカリウムは空気中のわずかな水分と反応して、発熱、発火します。

一方、2番目のヘリウム、10番目のネオン、18番目のアルゴンは、煮ても焼いても全く反応変化しない頑固者。安定そのものです。

ほら、8番目ごとに、似たような性質のものが並ぶのです。

この規則性をまとめて周期表を作ったのが、ロシアの化学者、ドミトリ・メンデレーエフです。1869年のことです。今や、ほとんどの化学者がこの周期表を利用して、化学の反応を考えています。

おもしろいことに人間も、生まれた日の順番に並べていくと、60日ごとに似たような性格になるのです。もちろん、全く同じではありませんが、似ています。

誰が最初に気づいたのかわかりませんが、少なくとも3千年以上のはるか昔から一部の人々に受け継がれ、利用されている規則性なのです。

この規則性を利用したのが、よく当たると言われる動物占いです。人間の性格を60種類の動物で表しています。算命学も、この規則性を使っています。


さて、ナトリウム君が、ぼやきます。

「ああ、おいらは、いつもイライラして、すぐに怒り出してしまう。だから、ケンカばかりする運命なのさ。そんな性格を直したいなあ。ああ、ネオンさんのようにおとなしく冷静に対応する才能が欲しいなあ」

すると、化学者が言います。

「とんでもない！　ナトリウムはナトリウムだからいいんだ。すぐに反応する君の才能を活かして、私たち化学者は、人の役に立つものをつくりだすんだ。君の代わりになるものなんて、他にはどこにもいないよ」


さて、昔の私を含め、ナトリウムくんと同じように、自分の才能に気づかずに、他人の才能をうらやんでいる人は多いのではないでしょうか？

「とんでもない！　お前は、お前だからいいんだ」

と、神様に叱られそうですね。

原子たちは、自然界の中で、様々な他の原子たちと出会い、相互作用して、新しいものに変わっていきます。それを化学反応と言います。

人間も、生きていく環境の中で、自分の持って生まれた宿命（才能）が、様々な出来事や人たちと出会って相互作用することで、何かを生み出していきます。それを運命と言います。

ただ、人間が原子とは違うのは、何とどのように反応するか、自分の意思で選ぶことができるということです。つまり運命を自らつくることができるのです。

だとしたら**私たちは、持って生まれた才能を精一杯活かす選択をすることで、自分らしく輝く運命を生きることが求められているのではないでしょうか？**

こうして考えてみると、もしかしたら、神様は人の運命を研究する化学者かもしれませんね。きっと、地球という巨大なフラスコで、80億の人間たちが互いに反応しあいながら、それぞれの運命を生きている様子を、実験観察しているのでしょう。

それにしても算命学は謎が多いです。そもそも氣とは何かという疑問に始まり、干支暦はいつがスタートなのか、宿命の算出方法は誰がどのように知り得たのかなどなど、わからないことばかりです。そこには神仏や霊による啓示のようなものがあったのではないかと思えるほどです。

「工学博士なのに、目に見えないものを信じるのですか？」

と聞かれますが、目に見えないものを信じるのが工学博士だと思います。

なにしろ、最近になって存在が証明されたヒッグス粒子なんて、目に見えないのです。まさに「氣」の存在の証明を予感させますよね。

近年の量子力学、脳科学、心理学などの進歩は目覚ましいものがあります。そのうち、算命学などの東洋の知恵が、西洋の科学で証明されるようになる日も来るのではないかと、これまた空想しているこの頃です。

最後までお読みいただき、ありがとうございました。

またお会いしましょう。

篠田法正

あなたの宿命チャートは
こちらから

判定サイトURL
https://mmp.or.jp/tools/book2021a

「もっと知りたい」あなたのために

向上心にあふれ、ご自分の人生と真剣に向き合おうとしているあなたは、さらに詳しく知りたいと思われたかもしれません。こちらの情報が、あなたのお役に立つことと思います。

一般社団法人ミッションメンタリング協会　ホームページ

王者の占術を活用するミッションメンタリングという手法で、一人ひとりが個性と才能を最大限に輝かせる社会を目指して活動しています。ミッションメンタリングって何？　どんなことが学べるの？　どんないいことがあるの？　などの疑問にお答えします。無料の動画セミナーなどもあります。

https://mmp.or.jp/?book1

読者様ご優待「ミッションメンタリングプレ講座」

さらに詳しく自分の個性や才能を知り、どんな問題も自分らしく解決できる方法がわかる『ミッションメンタリング基礎講座』の一部が体験できます。

https://lp.mmp.or.jp/ouja

LINE公式アカウント

自分らしく輝いて人生を充実させたい方と繋がりたいと思っています。王者の占術に関する気づき、学び、おトクな情報なども発信しています。お友だち登録はこちらから。

https://line.me/R/ti/p/%40xrd2929u

講演、研修、お仕事のご依頼、取材など

問い合わせフォームからお願いいたします。

https://mmp.or.jp/contact/?book1

篠田 法正（しのだ・ほうせい）一般社団法人ミッションメンタリング協会代表理事

名古屋大学修士課程修了後、三井化学株式会社で20年間、手術用の溶ける糸や、植物からつくるプラスチックなどの研究開発に携わった理系人間。国内外100件以上の特許を出願、カーネギーメロン大学へ留学し、工学博士学位を取得した。人生の半ばを過ぎ、管理職に昇進し、自分のやりたい仕事ができなくなったとき、新たな挑戦を求めて会社を退職、経営コンサルタント（中小企業診断士）として独立した。

しかし、コネも、営業経験も、コンサル実績もないため、売上げは低迷し、ザクザクと数字が減ってい く預金通帳を眺めてため息をつく日々。必死でマーケティングを勉強し、なんとか集客できるようになったものの、好きでも得意でもない業務に追われ、人間関係という理屈の通らないものに悩んだ。「これが自分のやりたかったことなのか」、「何のための人生なのだろう」と嘆く。

そんな折、たまたま紹介された算命学で、自分が宿命的に持っている才能を活かしていないことに氣づく。そして、理系思考で陰陽五行論や算命学を研究し、人が自分らしく成功するための自然界の法則を見出して実践したところ、好きな仕事に恵まれ、売上も増加し、多くの人から応援されるようになった。以来、8年間で2000人以上の起業家、経営者、従業員たちを分析し、持って生まれた才能を最大に活かす方向を示すことで人が輝き、生産性が上がることを検証した。

一方、カリスマ経営コンサルタント福島正伸氏が主宰する起業家応援イベント「ドリームプランプレゼンテーション」にて10年連続でドリームメンター役を務めるなどして、300人以上の起業家を支援。また、日本IBMシステムエンジニアリング、三井造船など、様々な業種・規模の企業や団体で、ミッションやビジョンづくりを通して自立型人材を育成する研修等を行っている。

これらの経験から、算命学の宿命分析と質問技法で相手の人生ミッション（自分軸）を言語化し、アドバイスではなく見本と信頼で継続的に支援する手法を確立、ミッションメンタリング®と名付けた。なかなか踏み出せなかった独立起業に成功した、4カ月で売上げが3倍になった、倒産の危機だった会社がV字回復したなど、喜びの声が相次いでいる。

王者《おうじゃ》の成功占術《せいこうせんじゅつ》

工学博士が見つけた才能を開花させる方法

二〇二一年（令和三年）五月二十八日　初版第一刷発行
二〇二一年（令和三年）六月十五日　　初版第二刷発行

著　者　篠田 法正

発行者　石井 悟
発行所　株式会社自由国民社
東京都豊島区高田三—一〇—一一
〒一七一—〇〇三三
電話〇三—六二三三—〇七八一（代表）
造　本　JK
印刷所　大日本印刷株式会社
製本所　新風製本株式会社

Special Thanks to

企画協力　ブックオリティ